CARO MAREIKE GÜNTHER

ISS DICH FIT

mit Caro

#FOODIE

Inhalt

LIEBE LESERIN, LIEBER LESER,

ich freue mich sehr, dass du in meine kulinarische Welt eintauchen möchtest. Dieses Buch will dich dabei nicht mit ausgefallenen Rezepten beeindrucken. Gesunde Ernährung muss nicht kompliziert sein, immerhin soll sie ja in unseren oft stressigen Alltag passen. Essen sollte uns Energie schenken und nicht rauben. Es ist daher wichtig, WAS wir essen, aber auch WIE VIEL Energie uns die Zubereitung kostet. Außerdem kann man mit den einfachsten Zutaten die besten und gesündesten Gerichte zaubern. Wenig Zeit und Aufwand, gesund, aber trotzdem unglaublich lecker – das ist das Motto für mein erstes Kochbuch.

Ich persönlich lege viel Wert auf eine gemüselastige und blutzuckerfreundliche Ernährung. Blutzuckerfreundlich heißt, auf gesunde Fette und ausreichend Proteine zu achten. Milchprodukte esse ich keine (bis auf Feta und etwas Käse), Fleisch und Fisch sehr bewusst. Wann immer Joghurt in den Rezepten verwendet wird, kannst du entscheiden, ob es stattdessen eine vegane Joghurtalternative sein soll. Und da ich selbst glutenfrei esse, sind alle Rezepte in diesem Buch auch glutenfrei oder glutenfrei abwandelbar.

Möchtest du deine Ernährung gesünder gestalten, so hast du den ersten Schritt schon getan: Du hältst mein Kochbuch in den Händen! Damit du einen Überblick über meine Art und Weise zu kochen bekommst, geht's mit einem kleinen Theorieteil los. Der Fokus liegt aber auf den 60 Rezepten, die dir deinen Alltag erleichtern und dir helfen werden, dich Tag für Tag gesünder und fitter zu fühlen.

Ich wünsche dir ganz viel Freude beim Lesen und Nachkochen!

Deine Caro ♡

PS: Verlinke mich gern, wenn du eins meiner Rezepte nachkochst! 📷 @caromareike
Ich freue mich darauf, deine Kreationen zu sehen.

WIE DIESES BUCH ZU LESEN IST

Ich habe einige Prinzipien, nach denen ich meine Rezepte gestalte, und diese möchte ich dir im folgenden erklären.

Frei von Industriezucker

Haushaltszucker habe ich schon lange aus meiner Küche verbannt, da er keinerlei Vorteile mit sich bringt. Ich verwende zum Süßen stattdessen gerne Datteln, Erythrit, Xylit oder Honig, die zwar streng genommen auch Zucker sind, aber in den Rezepten nur sparsam vorkommen und im Gegensatz zu Kristallzucker zumindest noch Vitamine und Mineralstoffe enthalten. Gelegentlich nutze ich auch Stevia – aber auch das nur in geringen Mengen. Grundsätzlich bin ich der Meinung, dass wir alle weniger süß essen sollten, weswegen die meisten meiner Rezepte auch so gestaltet sind.

Ausgewogen und blutzuckerfreundlich

Die Gerichte in diesem Buch habe ich so gestaltet, dass in jedem Rezept auch jeder Makronährstoff vertreten ist – so bleibt man lange und gut gesättigt. Kohlenhydrate kommen nie alleine vor. Man sollte sie generell nicht „nackt" essen, um große Spitzen und Schwankungen im Blutzuckerspiegel zu vermeiden. Denn nicht nur Süßigkeiten, sondern auch andere Kohlenhydratquellen können sich auf den Blutzuckerspiegel auswirken, deshalb findest du auch sie immer gepaart mit Proteinen und Fetten. Mehr zum Thema findest du auf den Seiten 12–15.

Fleisch & Fisch lassen sich immer ersetzen

Ich persönlich esse gerne Fisch und Fleisch von guter Qualität – allerdings lässt sich beides immer ersetzen, indem man auf Fleischersatzprodukte oder Tofu zurückgreift.

Glutenfrei

Da ich selbst glutenfrei esse, sind auch alle Mahlzeiten so gestaltet.

Bereit für Meal Prep

Die meisten Rezepte in diesem Buch lassen sich gut vorbereiten und (zumindest in Teilen) schon ein paar Tage im Voraus zubereiten, was im Alltag viel Zeit spart. Lediglich bei den Fischgerichten würde ich dies nicht empfehlen.

Nun wünsche ich dir ganz viel Spaß beim Stöbern und Nachkochen. Trau dich, Dinge zu verändern, Zutaten hinzuzufügen oder wegzulassen. Du hast etwas nicht zu Hause? Dann nimm eine Alternative und mach das Gericht zu deinem eigenen. Dir reicht eine Portion nicht aus? Dann nimm dir Nachschlag.

Es ist einfach zu viel? Dann nutze den Rest für dein morgiges Mittagessen. Wir sind alle so individuell, dass es schwierig ist, allen Ansprüchen gerecht zu werden.

GESUNDE ERNÄHRUNG – WAS BEDEUTET DAS?

In einer Welt voller Mythen und Verbote, Diäten, Kuren und teils widersprüchlicher Aussagen zum Thema Ernährung ist für mich die goldene Mitte der Schlüssel zum Erfolg. Und mit Erfolg meine ich, in der Lage zu sein, ein möglichst langes, glückliches und gesundes Leben führen zu können. Jedes Extrem funktioniert für eine Weile ganz gut, wird aber früher oder später scheitern.

Nährstoffe und wo sie zu finden sind

In der heutigen Zeit, wo alles im Überfluss vorhanden ist und wir von links und rechts durch Werbebotschaften beeinflusst werden, ist es wichtig, informiert zu sein. Nur so können wir bewusst Entscheidungen treffen – nicht nur in Bezug auf unsere Ernährung. Es geht dabei nicht darum, sich Dinge zu verbieten, sondern von den richtigen Dingen mehr und von anderen etwas weniger zu essen. Unser Körper braucht Nährstoffe – damit wir uns vital und fit fühlen, damit unser Haar schön wächst, damit die Haut strahlt. Und damit wir sportlich und im Alltag aktiv sein können.

Diese Nährstoffe finden wir primär in ganzen Lebensmitteln – also in solchen, die noch in ihrer Ursprungsform im Supermarkt zu finden sind. Natürlich sind auch verarbeitete Lebensmittel Teil unseres Speiseplans, aber als erste Orientierung ist ein Fokus auf natürlichen Lebensmitteln gut geeignet.

Der Anteil macht's

Die mittlerweile weitverbreitete 80/20-Regel predige auch ich sehr gerne. Nach dieser sollen höchstens 20 Prozent unserer Nahrung aus verarbeiteten Lebensmitteln bestehen, die kaum bis keine Nährstoffe enthalten, stark verarbeitet

„Unser Körper braucht Nährstoffe – damit wir uns vital und fit fühlen"

sind und oft auch viele Zusatzstoffe enthalten. Der Löwenanteil unserer Ernährung (die übrigen 80 Prozent) sollte dagegen aus frischen, unverarbeiteten, nährstoffreichen und bunten Lebensmitteln bestehen. Ich verschiebe diese Regel auch mal zu 90/10 – je nach Situation. Denn man durchläuft im Leben Phasen, in denen man sich ausgewogener und etwas bewusster ernährt, und andere, in denen das weniger klappt. Das ist normal und gut so, solange die Basis stimmt und die Balance nicht komplett verloren geht.

Unter die wertvollen 80 bzw. 90 Prozent fallen Gemüse, Obst, Hülsenfrüchte, gute Fette und Proteine (mehr dazu auf den Seiten 16–17) sowie unverarbeitete Kohlenhydrate. Die 20 bzw. 10 Prozent bestehen dagegen aus Produkten, die so verarbeitet wurden, dass das Originalprodukt nicht mehr sichtbar ist. Darunter fallen also Süßigkeiten oder fertige Backwaren, aber auch Fertiggerichte mit Zusatzstoffen, vielen schlechten Fetten und reichlich Zucker.

Selbstkochen ist angesagt

Die einfachste Art und Weise, diese richtige Balance zu halten, besteht darin, alles möglichst selbst zuzubereiten. Natürlich gibt es auch vermehrt hochwertigere Fertigprodukte auf dem Markt (hier achte ich persönlich auf die Zutatenlisten und prüfe die verwendeten Fette sowie hinzugefügten Zucker und Co.). In den meisten Fällen kommen aber auch hier Zusatzstoffe und unerwünschte Zutaten zum Einsatz, weswegen auch diese Produkte in die „Eher seltener"-Kategorie fallen sollten. Ich hoffe, dir mit diesem Buch das Selbstkochen schmackhaft zu machen und zu erleichtern, und freue mich schon darauf, deine Kreationen zu sehen. In den folgenden Kapiteln erhältst du weitere Informationen zum Thema gesunde Ernährung und ich teile einige meiner Gedanken mit dir.

DAS RICHTIGE MINDSET

Was das mit einem Kochbuch zu tun hat? Ich erkläre es dir: Unser Mindset, sprich unser mentaler und emotionaler Zustand, beeinflusst unseren physischen Körper enorm. Wenn wir uns schlecht fühlen, herabsetzend mit uns sprechen und uns selbst nicht wertschätzen, tendieren wir auch dazu, ungünstige Entscheidungen für uns zu treffen – unter anderem in Bezug darauf, was wir unserem Körper zuführen. In der Folge fühlen wir uns wieder etwas schlechter …

Kommt dir dieser Kreislauf vielleicht bekannt vor? Man fühlt sich schlecht, man „gönnt" sich Schokolade, fühlt sich kurz besser und danach wieder etwas mieser, wenn das schlechte Gewissen einsetzt. In erster Linie ist es daher wichtig, das Essen nicht als etwas zu missbrauchen, was es nicht ist und sein kann. Stattdessen sollten wir versuchen, den Kreislauf des „Sich-schlecht-Fühlens" schon früher zu durchbrechen.

Den Kreislauf durchbrechen

Eine positive Einstellung zum Leben wirkt sich auf alle Lebensbereiche günstig aus. Aus meiner eigenen Erfahrung heraus kann ich sagen, dass die Kraft unserer Gedanken extrem mächtig ist. Und so ist es auch kein Wunder, dass die Art und Weise, wie wir mit uns reden, unsere Gedanken und in der Folge unsere psychische, aber auch die physische Gesundheit beeinflusst. Und damit auch unser Aussehen und unser Wohlbefinden. Unsere Glaubenssätze bestimmen also, wie wir leben, wie aktiv wir sind und was wir essen. Dass die Psyche eine entscheidende Rolle in

„Unsere Glaubenssätze bestimmen, wie wir leben und oft auch wie und was wir essen"

unserer Gesundheit spielt, ist Fakt. Deshalb ist mir so wichtig, auch diesen Bereich in diesem Kochbuch aufzugreifen – für ein gesünderes Leben.

Mit positivem Mindset zum Erfolg

Anstatt uns lästige Regeln aufzuerlegen, sollten wir daher an einem positiven Mindset arbeiten. Dieses hilft uns dabei, gesunde Routinen zu etablieren und vor allem zu erhalten. Viele von uns brauchen keine zehnte Diät oder eine innovative Saftkur, sondern eine gesündere Einstellung zum Thema Essen, damit emotionales Essen keine Rolle mehr spielt.

Essen sollte uns in aller erster Linie nähren und nicht als Kompensationsmechanismus dienen. Es sollte und darf emotional geprägt sein, da Essen ja auch einen große soziale Rolle spielt. Allerdings wird Essen nicht die Lösung sein, wenn Hunger nicht das Problem war.

In meinen Augen ist es wichtig, sich selbst genug Respekt und Selbstliebe entgegenzubringen, was sich als Resultat auch auf unser Ess- und Sportverhalten auswirken wird.

Wenn du deinem Körper genügend Respekt entgegenbringst, wirst du dich mit der 80/20-Regel leichttun, da du dir darüber bewusst bist, wie wichtig es ist, den Körper zu nähren.

Tipp:

„In Ruhe zu essen, verhindert ungewolltes Überessen und fördert eine gute Verdauung! Sehe Essen als eine Möglichkeit, deinen Körper zu nähren und ihm etwas Gutes zu tun!"

ISS ALLES – ABER DAS BEWUSST

Warst du schon mal verunsichert, was du am Ende des Tages überhaupt noch essen darfst? Jede Diät oder Ernährungsform schließt etwas anderes aus, viele davon scheitern aber auch auf lange Sicht oder werden nicht auf Dauer durchgehalten. Der Grund dafür ist simpel: Restriktion, die eigentlich nicht sein muss.

Iss dich gesund und glücklich

Um gesund zu sein – und vor allem glücklich –, darfst und sollst du von allem etwas essen. Eine ausgewogene Mahlzeit, die alle Makronährstoffe enthält, sättigt uns am besten und beugt vor allem ständigem Snacken vor. Wir müssen unserem Körper das geben, was er braucht, um vital und leistungsfähig zu sein. Wenn wir ihm bestimmte Lebensmittel entziehen und vor allem generell wenig nährstoffdichte Lebensmittel zuführen, sind wir unbefriedigt. Das wiederum führt am Ende häufig zu Überessen, wenig Energie und schlechter Laune.

Damit meine ich nicht, dass du nun essen sollst, worauf du gerade Lust hast. Achte stattdessen auf gute Quellen von hochwertigen Fetten, Proteinen und Kohlenhydraten – und das in der richtigen Menge und Zusammensetzung.

Makronährstoffe satt

Nach diesem Kapitel wirst du in der Lage sein, deine Mahlzeiten selbst sinnvoll zusammenzustellen. Du bekommst einen groben Überblick über die einzelnen Makronährstoffe. Das soll aber keine Lehrstunde werden, sondern dir nur eine grobe Orientierung geben, wonach du dich in Zukunft richten kannst.

Unsere Nahrungsmittel setzen sich aus vielen unterschiedlichen Nährstoffen zusammen, diese lassen sich in Makro- und Mikronährstoff unterteilen. Makronährstoffe, genauer Kohlenhydrate, Proteine und Fette, sind dabei

> **„Eine Mahlzeit, die alle Makronährstoffe enthält, sättigt uns am besten"**

die Grundbausteine, aus denen wir unseren Energiebedarf decken. Mikronährstoffe (Vitamine, Mineralstoffe und sekundäre Pflanzenstoffe) sind essenziell für unseren Stoffwechsel sowie das Immunsystem und unsere Vitalität. Hier wollen wir die Makronährstoffe genauer betrachten, denn bei ihnen kommt es besonders auf die richtige Wahl an.

Verschiedene **Kohlenhydrate** wirken sich unterschiedlich auf unseren Körper und auf den Blutzuckerspiegel aus. Je nachdem, wie schnell oder langsam ihre Bestandteile in den Blutkreislauf gelangen, steigt auch der Blutzuckerspiegel (BZS) unterschiedlich schnell an. Bei einem schnellen Anstieg und darauffolgenden raschen Abfall kann Heißhunger die Folge sein. Vor allem wenn du das Ziel hast, dein Gewicht zu reduzieren, solltest du also darauf achten, dass der BZS keine großen Spitzen aufweist und insgesamt nicht übermäßig schwankt.

Daher kannst du einerseits zu komplexeren Kohlenhydraten greifen, andererseits ist es sinnvoll, Kohlenhydrate immer mit etwas Protein und/oder Fett gepaart zu dir zu nehmen. Letzterer Punkt ist für mich dabei essenziell, da er einfacher umzusetzen ist. Ich möchte dir nicht dazu raten, lieber Süßkartoffeln anstatt Reis zu essen, da sie komplexere Kohlenhydratquellen sind. Essen soll Freude machen und Reis passt zu einigen Gerichten einfach besser als eine Kartoffel. Daher mein Tipp, Kohlenhydrate zu „verpacken". Das heißt, die Kohlenhydratquelle sollte nicht „nackt" gegessen werden, sondern im Trio: Kohlenhydrate, Fette, Proteine. Natürlich gibt es auch hier Ausnahmen (insbesondere, wenn du Sport treibst), aber für die meisten Situationen und Menschen ist das eine gute Richtlinie.

Wichtig zu erwähnen sind zudem die Ballaststoffe, welche ebenfalls zu den Kohlenhydraten zählen. Sie werden nicht in Glukose umgewandelt, sondern passieren den Darm unverdaut, wirken sich also nicht auf den BZS aus, halten dafür aber lange satt. Ballaststoffe werden häufig unterschätzt, sind aber einer der wichtigsten Gesundheitsfaktoren: Neben ihrem unglaublich positiven Einfluss auf den Darm (guter und regelmäßiger Stuhlgang, Stärkung der Darmflora) haben sie noch viele weitere positive Effekte. So verbessern sie unter anderem unsere Cholesterinwerte und wirken antientzündlich.

Wenn du zum Großteil Unverarbeitetes isst, da du dich an die 80/20-Regel hältst (Seiten 8–9), musst du dir um deine

Ballaststoffzufuhr auch keine Sorgen machen. Ein Problem tritt nur dann auf, wenn du dich hauptsächlich von verarbeiteten Lebensmitteln ernährst. Hier kommen die Ballaststoffe meist zu kurz. Eine Regel: 25–30 g Ballaststoffe am Tag sind empfehlenswert. Meine liebsten Quellen sind Beeren, Leinsamen, Gemüse, Hülsenfrüchte und ab und an 1 TL Flohsamen. Weitere Quellen findest auf Seite 16.

Proteine bestehen aus Aminosäuren. Dabei gibt es 20 verschiedene, von denen acht essenziell sind (im Gegensatz zu Kohlenhydraten). Das bedeutet, unser Körper kann sie selbst nicht herstellen, sie sind aber überlebenswichtig. Wir brauchen keine Unmengen davon, aber wir brauchen genügend, um uns vor allem bis ins hohe Alter gesund zu halten. Sie sind nicht nur für den Muskelaufbau wichtig, auch unser Immunsystem benötigt eine ausreichende Menge an Aminosäuren, darüber hinaus unsere Hormone, der Stoffwechsel, Haut, Haare und Nägel. Sprich: alle passiven Strukturen. Eiweiß sollte deshalb täglich in ausreichender Menge verzehrt werden.

High Protein ist aber nicht per se gesund, das ist wichtig zu wissen. Viele High-Protein-Produkte aus dem Supermarkt sind stark verarbeitet und sollten in der Ernährung keinen großen Stellenwert einnehmen (Seite 8–9). Vielmehr würde ich dir empfehlen, dich auf Hülsenfrüchte, Fleisch, Fisch, Eier, Milchprodukte in Maßen und Nüsse zu konzentrieren. Ich bin ein großer Fan von Kollagen und konsumiere auch veganes Proteinpulver, was das Leben erleichtert. Auch hier würde ich immer auf hochwertige Produkte zurückgreifen.

So wie Proteine sind auch **Fette** essenzielle Nährstoffe und müssen über die Nahrung aufgenommen werden. Sie sind dabei für die Hormonbildung wichtig, aber auch für die Aufnahme fettlöslicher Vitamine. Fette tragen außerdem dazu bei, Entzündungen im Körper zu reduzieren. Zu Unrecht werden sie immer noch verteufelt – denn die richtigen Fette wirken sich positiv auf unsere Haut sowie die Stimmung aus und sorgen dafür, dass wir nach einer Mahlzeit lange satt sind.

Man unterscheidet vier Fettsäurearten. Ohne zu stark ins Detail zu gehen, möchte ich dir gerne folgende Tipps geben: Fokussiere dich bei deiner Ernährung darauf, ungesättigten Fettsäuren zu dir zu nehmen. Diese stecken in Olivenöl, Nüssen, Samen, Avocados und fettreichem Seefisch (z. B. Lachs). Aufgrund des hohen Anteils an Omega-6-Fettsäuren in unserer Ernährung, halte ich es persönlich auch für sinnvoll, ein Omega-3-Präparat als Nahrungsergänzungsmittel zu nehmen, um die Balance zwischen diesen beiden Fettsäuren zu bewahren.

Transfettsäuren sollten in einer gesunden Ernährung nicht viel Platz einnehmen. Man findet sie vor allem in stark verarbeiteten (Fertig-)Produkten wie Kuchen, anderen Backwaren, veganen Ersatzprodukten, Wurstwaren, Frittiertem und Margarine, und sie entstehen häufig durch starkes Erhitzen von Pflanzenfetten.

Ab und an ist der Konsum dieser Lebensmittel natürlich kein Problem – sie sollten nur nicht den Großteil deiner Ernährung ausmachen. Auch hier merkst du also, dass selbst zu kochen immer noch die beste Wahl ist!

Und als kleine Anmerkung: Ich empfehle immer das ganze Lebensmittel zu verzehren anstatt seines Öls. Die Kalorien im Öl bringen keinerlei Nährstoffe mit sich – allerdings ist Öl natürlich ein Geschmacksträger.

Deshalb gilt: sparsam und gezielt einsetzen!

Tipp:

„Die richtigen Nährstoffe wirken sich positiv auf unsere Haut, Stimmung und Verdauung aus"

GREIF ZU –
MEINE GESUNDEN FAVORITEN

Kohlenhydrate:
• Amarant
• Black-Bean-Spaghetti
• Brot (qualitativ hochwertig)
• Buchweizen
• Haferflocken
• Hülsenfrüchte (auch Proteine!)
• Kartoffeln
• Quinoa
• Reis
• Süßkartoffeln

Achtung: Wenn du keine gluten-freie Ernährung verfolgen musst, tust du dir mit glutenfreien Ersatzprodukten oft keinen Gefallen. Sie enthalten in vielen Fällen keine hochwertigen Zutaten. Greife stattdessen lieber zu einem guten Sauerteigbrot. Allerdings empfehle ich, die Kohlenhydrat-quellen zu wechseln – anstatt immer herkömmliche Pasta zu verwenden, kannst du auch auf Reis- und Buchweizennudeln oder auf Quinoa zurückgreifen. Das ist super für den Darm!

Mehl:
• Buchweizenmehl
• Dinkelmehl
• Hafermehl
• Kokosmehl
• Mandelmehl

Obst & Früchte:
• Bananen
• Datteln
• Mangos
• Trauben
• Trockenfrüchte

Gemüse:
• Alles ist erlaubt. Gestalte deine Gemüseauswahl am besten so bunt wie möglich!

Ballaststoffquellen:
• Gemüse
• Obst
• Chiasamen
• Flohsamen
• Haferflocken
• Hülsenfrüchte
• Leinsamen

Proteine:
- Eier (bio)
- Fisch (bio)
- Fleisch (qualitativ hochwertig)
- Hülsenfrüchte (auch Kohlenhydrate; hier zusätzliche Kohlenhydrate reduzieren)
- Joghurt (Ziegenmilch ist oft verträglicher als Kuhmilch; auch gerne Sojajoghurt; Mandel- und Kokosjoghurt sind auch okay, zählen aber nicht zu den Proteinen)
- Tempeh
- Ziegenkäse

Fette:
- Avocados
- fetter Fisch
- Nüsse
- Samen
- Avocadoöl, Ghee, Kokosöl (zum Braten)
- Olivenöl (bis 180 °C)
- Leinöl, Olivenöl (kalte Küche)

Zucker und Zuckerersatz:
- Bananen
- Datteln & Dattelsirup
- Erythrit
- Glycin
- Honig
- Stevia

MIX & MATCH –
MEIN BOWL-BAUPLAN

Wenn dir mal nicht danach ist, eins meiner Rezepte nachzukochen, möchte ich dir im Folgenden gerne eine kleine Anleitung an die Hand geben, mit der du dir jederzeit selbst eine ausgewogene Mahlzeit zusammenstellen kannst. Das ist gar nicht kompliziert – wenn du es ein paarmal gemacht hast, hast du schnell deine Lieblingskombis raus.

1. Wähle eine frische Basis aus und nimm davon, so viel du magst: Rucola, Eisbergsalat, Babyspinat, gemischter Salat …

2. Füge die gewünschte Menge **Gemüse** hinzu (gekocht oder roh): Tomaten, Gurken, Karotten, Zwiebeln, Brokkoli, Blumenkohl, Zucchini, Pilze …

3. Dann kommen 100–150 g **Protein** hinzu (etwa die Größe deiner Handinnenfläche): Geflügel, Fisch, Eier, Linsen, Kichererbsen, Tofu …

4. Füge eine **Kohlenhydratquelle** hinzu: Kürbis, Süßkartoffeln, Reis, Linsen, Quinoa, Pasta aus Hülsenfrüchten …

5. Gib noch 2 EL **Fett** hinzu: Öl, Tahin, Samen, Saaten … oder ¼ bis ½ Avocado.

6. Dann kommen etwa 60 ml Dressing oder Hummus zum Einsatz.

7. Verleihe dem Gericht den letzten Schliff mit Hefeflocken, Salz, Chilipulver, Zitronensaft, frischen Kräutern …

8. Gerne kannst du zusätzlich ein fermentiertes Lebensmittel wie Kimchi dazugeben.

Natürlich muss nicht jede Mahlzeit 1:1 so umgesetzt werden – diese Anleitung dient dir aber als grobe Orientierung: Die Hälfte des Tellers sollte von Gemüse eingenommen werden, ein Viertel von Proteinen und das letzte Viertel von Kohlenhydraten. Die Fettquelle kommt dann on top noch dazu. Wenn du Hülsenfrüchte als Proteinquelle nutzt, empfehle ich, die Kohlenhydratmenge etwas zu reduzieren, da Hülsenfrüchte neben Protein auch relativ viele Kohlenhydrate enthalten. Ist deine Mahlzeit etwas fettreicher, dann reduziere ebenfalls die Kohlenhydratmenge und andersherum.

Gemüse

Grüne Basis

Kohlenhydrate

Dressing

Fett

Protein

Tipp:

Ergänze Kräuter &
Gewürze!

MEIN SMOOTHIE-BAUKASTEN

Smoothies bieten dir eine hervorragende Möglichkeit, ein ausgewogenes Frühstück zu dir zu nehmen, wenn du mal wenig Zeit hast. Ich bereite meinen morgendlichen Smoothie oft schon am Vorabend zu und nehme ihn dann in der Früh einfach mit. Klar ist frisch immer besser, aber die Umsetzbarkeit ist das, was am Ende zählt.

Damit der Smoothie deinen Blutzuckerspiegel aber nicht einfach nur in die Höhe treibt, sondern stattdessen lange sättigt, solltest du ein paar Dinge beachten. Der wichtigste Faktor: nicht zu viel Obst. Man würde ja auch keine fünf Äpfel auf einmal essen, achte daher auch bei der Zubereitung deines Smoothies auf eine vernünftige Obstmenge und gib lieber noch etwas gefrorene Zucchini hinzu, die man übrigens gar nicht rausschmeckt!

Proteine, Ballaststoffe, Fette und Greens sollten in jedem Smoothie enthalten sein!

1. 1 Portion Protein: Kollagen, Proteinpulver, griechischer Joghurt, Hanfsamen … (Nussmus hat zwar auch Protein, zähle ich aber zu den Fetten). Ich empfehle 2 EL.

2. 1 Portion Ballaststoffe: 1–2 EL Chia-, Lein- oder Flohsamen …

3. 1 Portion Fett: ¼ Avocado, 1–2 EL Nussmus, Nüsse, Samen …

4. Greens – was immer du magst: Zucchini, Blumenkohl (beides geschmacksneutral), Spinat, Grünkohl, Sprossen …

5. 1–2 Portionen Obst – ganz nach Geschmack

6. Optional etwas zum Süßen wie Zimtpulver, Stevia oder eine Dattel

„Achte bei deinem Smoothie auf eine vernünftige Zusammensetzung"

Meine

ISS DICH

FIT-

Rezepte

Frühstück

Egal ob du um 8 oder um 12 Uhr dein Fasten brichst – die erste Mahlzeit des Tages sollte ausgewogen und nährstoffreich sein. Einige meiner liebsten Rezepte, mit denen du energetisch in den Tag startest, findest du in diesem Kapitel.

Tipp:

Das Kollagenpulver kannst du auch weglassen oder durch Proteinpulver ersetzen.

mit Mandelmus und Hanfsamen

1 PERSON ● **5 MINUTEN**

ZUTATEN

½ reife Banane

120 g TK-Beerenmischung

60 g TK-Zucchini oder -Blumenkohl

150 ml ungesüßter Sojadrink

1 EL Chiasamen oder
geschroteter Leinsamen

1 Spritzer frisch gepresster Limetten- oder
Zitronensaft

2 EL Kollagenpulver

etwas Stevia (nach Belieben)

1 EL helles Mandelmus

je 1 TL Hanfsamen und gepuffter Amarant

Minze zum Garnieren (nach Belieben)

ZUBEREITUNG

Die Banane schälen, in grobe Stücke schneiden und im Mixer mit gefrorenen
Beeren, Gemüse, Sojadrink, Chia- oder Leinsamen, Zitrussaft, Kollagenpulver
sowie nach Belieben etwas Stevia zu einem cremigen Smoothie mixen.

Den Smoothie in eine Schale füllen und dekorativ mit Mandelmus, Hanfsamen
und Amarant toppen. Nach Belieben mit Minze garnieren und servieren.

Hirseporridge

mit Obst und Kokosjoghurt

1 PERSON ● **25 MINUTEN**

ZUTATEN

5 EL Hirse- oder Quinoa-Flocken

200 ml ungesüßter Pflanzendrink

1 TL Zimtpulver & etwas Salz

½ Birne (und/oder anderes Obst, z. B. Beeren)

etwas frisch gepresster Zitronensaft

60 g Kokos-Joghurtalternative

1–2 TL Nussmus

ZUBEREITUNG

Pflanzendrink, Zimtpulver, 1 Prise Salz und Hirse- bzw. Quinoa-Flocken in einen Topf geben, aufkochen und bei schwacher Hitze unter häufigem Rühren 5 bis 8 Minuten, bis zur gewünschten Konsistenz, köcheln lassen.

Inzwischen die Birne waschen, halbieren, entkernen und in schmale Spalten schneiden. Mit etwas Zitronensaft beträufeln. Je länger das Porridge kocht, umso fester wird die Konsistenz.

Die Hälfte der Joghurtalternative unter den Porridge rühren, so wird er schön cremig. Diesen in einer Schale anrichten. Birnenspalten darauf verteilen, übrige Joghurtalternative daraufklecksen und alles mit Nussmus beträufelt servieren.

Zweierlei Frühstückskuchen

mit Proteinpulver

ohne Proteinpulver

JE 2 PERSONEN ● 40 MINUTEN

ZUTATEN

Fett für die Form

½ kleine Banane
(50 g Fruchtfleisch)

50 g Haferflocken

½ TL Backpulver

100 ml ungesüßter
Pflanzendrink

2 EL veganes Protein-
pulver

1 Prise Zimtpulver & Salz

10 g Zartbitter-
schokolade (mind. 70 %
Kakaoanteil)

1 EL Nussmus & Quark
zum Servieren

ZUTATEN

Fett für die Form

½ Apfel

10 g Zartbitter-
schokolade (mind. 70 %
Kakaoanteil)

50 g Haferflocken

1 Ei (Größe M)

75 ml Milch

1 Prise Salz

1 EL Rosinen

2 EL griechischer
Joghurt oder Soja-
Joghurtalternative
zum Servieren (nach
Belieben)

ZUBEREITUNG

Den Backofen auf 180 °C Ober-/Unterhitze
(160 °C Umluft) vorheizen und eine kleine ofenfeste Form ausfetten (Mini-Springform, eine
kleine Auflaufform oder auch eine Müslischale).

Die Banane schälen und mit einer Gabel zer-
drücken. Alle Zutaten, bis auf Nussmus und
Schokolade, miteinander vermengen und in die
Form füllen.

Die Schokolade hacken und auf dem Teig verteilen. Den Kuchen im Ofen auf der mittleren
Schiene 25 bis 30 Minuten backen.

Den Kuchen etwas abkühlen lassen. Anschlie-
ßend halbieren, auf einem Teller anrichten,
mit Nussmus bestreichen und mit etwas Quark
servieren.

ZUBEREITUNG

Den Backofen auf 180 °C Ober-/Unterhitze
(160 °C Umluft) vorheizen und eine kleine
ofenfeste Form ausfetten (Mini-Springform,
eine kleine Auflaufform oder auch eine Müslischale).

Den Apfel waschen, halbieren, entkernen und
quer in schmale Scheiben schneiden oder
hobeln. Die Schokolade hacken.

Alle Zutaten, bis auf Apfel, Rosinen, Schokolade
und Joghurt, miteinander vermengen. Apfel,
Rosinen und Schokolade unterheben.

Den Teig in der Form verteilen und im Ofen auf
der mittleren Schiene 25 bis 30 Minuten backen.
Den Kuchen etwas abkühlen lassen und mit
Joghurt servieren.

Tipp:

Ich rühre gerne noch 1 EL Kollagen- oder Proteinpulver in die Joghurtalternative, um die Mahlzeit proteinreicher zu gestalten.

 Joghurt

mit Pfannen-Granola und Obst

1 PERSON ● 15 MINUTEN

ZUTATEN

1 EL Mandeln

3 EL Haferflocken

je 1 EL Kokoschips & Kürbiskerne

1 TL Zimtpulver

Salz

½ EL Kokosöl

150 g pflanzliche Joghurtalternative

100 g gemischtes Obst oder Beeren (z. B. Him-, Johannis-, Blaubeeren und Physalis)

ZUBEREITUNG

Die Mandeln grob hacken und mit den anderen trockenen Zutaten und 1 Prise Salz vermischen. Das Öl in einer Pfanne erhitzen und die trockenen Zutaten darin rundum bei mittlerer Hitze in etwa 5 Minuten goldbraun und knusprig rösten.

Die Joghurtalternative in eine Müslischale geben und mit der Granola bestreuen.

Das Obst waschen und eventuell klein schneiden, die Beeren verlesen, waschen, trocken tupfen und alles zur Granola servieren.

Proteinpudding
mit Orange und Granola

1 PERSON ● **15 MINUTEN**

ZUTATEN

150 ml ungesüßter Pflanzendrink
(z. B. auf Mandel-, Hafer- oder Sojabasis)

2 EL Chiasamen

3 EL Proteinpulver

1 Orange

1 EL Granola (Seite 33)
oder Nussmus

ZUBEREITUNG

Den Pflanzendrink mit Chiasamen und Proteinpulver gut verrühren und zugedeckt über Nacht ziehen lassen.

Am nächsten Morgen die Orange so großzügig schälen, dass auch die weiße Haut mit entfernt wird. Die Filets zwischen den einzelnen Trennhäuten herausschneiden, den austretenden Saft auffangen.

Die vorbereitete Puddingmasse mit dem aufgefangenen Orangensaft im Mixer so lange pürieren, bis eine homogene Masse entstanden ist.

Den Proteinpudding in eine Schale geben, mit Orangenfilets belegen und mit Granola oder Nussmus toppen.

Süßes Beeren-Omelett

mit Nussmus

1 PERSON ● **15 MINUTEN**

ZUTATEN

½ reife Banane

2 Eier (Größe M)

1 Msp. Zimtpulver

3 EL ungesüßter Pflanzendrink

1 EL Kokosmehl

1 TL Kokosöl

100 g Beeren

1 TL Nussmus zum Garnieren

ZUBEREITUNG

Die Banane schälen, mit einer Gabel zerdrücken und in einer Schüssel mit den Eiern vermischen. Zimtpulver, Pflanzendrink und Kokosmehl unterrühren.

Das Öl in einer beschichteten Pfanne (etwa 18 cm Durchmesser) erhitzen. Die Eiermasse hineingeben, gleichmäßig verteilen und zugedeckt bei mittlerer Hitze in 5 bis 6 Minuten stocken lassen.

Inzwischen die Beeren verlesen, waschen und trocken tupfen. Das Omelett auf einen Teller gleiten lassen, einmal zusammenklappen und mit den Beeren anrichten. Mit Nussmuss bekleckst servieren.

VARIANTE

Das Omelett klappt auch ohne Banane. Dann nach Belieben noch etwas Süßungsmittel nach Wahl hinzugeben. Das Kokosmehl kannst du auch weglassen, aber ich mag das leichte Kokosaroma im Omelett sehr.

Liebste Joghurtbowl

mit gepufften Quinoa und Obst

1 PERSON ● **20 MINUTEN**

ZUTATEN

200–250 g pflanzliche Joghurtalternative (meine Favoriten: Mandel oder Kokos)

1½ EL Lein- oder Chiasamen

2 EL gepuffte/r Quinoa/Amarant oder Haferflocken

2 EL Kollagenpulver oder pflanzliches Proteinpulver

etwas Süße nach Wahl (z. B. Stevia, Erythrit oder Dattelsirup)

1 Kaki oder 100 g anderes Obst (z. B. TK-Beeren, Apfel …)

Minze zum Garnieren (nach Belieben)

ZUBEREITUNG

Alle Zutaten, bis auf Kaki und Nussmus, in einer Schale verrühren und zugedeckt mindestens 10 Minuten (gerne auch über Nacht) ziehen lassen, bis die Masse eine cremige und puddingartige Konsistenz hat.

Vor dem Servieren die Kaki waschen und in sehr dünne Scheiben schneiden. Diese dekorativ auf der Bowl anrichten. Alles nach Belieben mit Minze garniert servieren.

Tipp:

Ich esse die Bowl total gerne mit einem Esslöffel Cashew-, Mandel- oder Haselnussmus.

Tipp:

Die Trockenpflaumen sorgen für eine angenehme Süße und haben zusätzlich eine positive Auswirkung auf unsere Darmgesundheit.

Overnight Oats
mit Pflaumen

1 PERSON ● **20 MINUTEN**

ZUTATEN

1–2 Trockenpflaumen

½ Apfel

4 EL glutenfreie Haferflocken (nach Belieben kernig und zart gemischt oder nur zart)

1½ EL Lein- oder Chiasamen

150 ml ungesüßter Pflanzendrink

¼ TL Zimtpulver, plus mehr zu Garnieren (nach Belieben)

2 Pflaumen (oder je nach Jahreszeit anderes Obst, z. B. Beeren oder Aprikosen)

1 EL Kokos-Joghurtalternative

1 EL Hanfsamen

ZUBEREITUNG

Die Trockenpflaumen klein schneiden. Den Apfel waschen, entkernen und grob raspeln. Beides mit Haferflocken, Lein- oder Chiasamen, Pflanzendrink und Zimtpulver in einer Schale mischen und zugedeckt mindestens 5 Stunden (am besten über Nacht) durchziehen lassen.

Vor dem Servieren die Pflaumen waschen, halbieren, entsteinen und in Spalten schneiden. Die Kokos-Joghurtalternative als Klecks auf die Oats geben, die Pflaumenspalten darauf verteilen. Alles mit Hanfsamen bestreuen und nach Belieben mit etwas Zimtpulver bestäuben.

Caros Fitness-Porridge
mit Nüssen und Obst

1 PERSON ● **10 MINUTEN**

ZUTATEN

5 EL Hirse-, glutenfreie Hafer- oder Buchweizenflocken

1 EL Chiasamen oder geschroteter Leinsamen

Salz

¼ TL Zimtpulver, plus mehr zum Garnieren (nach Belieben)

75 ml ungesüßter Pflanzendrink

½ Apfel oder Birne oder je ¼ von beidem

1 EL Nüsse (z. B. Haselnusskerne, Mandeln und/oder Mandelblättchen)

2–3 EL Naturjoghurt

1 EL Proteinpulver

1 TL Nussmus

ZUBEREITUNG

Flocken, Chiasamen oder Leinsamen, 1 Prise Salz und Zimtpulver in einer Müslischale oder einem kleinen Topf vermischen. Den Pflanzendrink und 75 ml Wasser unterrühren.

Den Porridge entweder in der Mikrowelle bei 800 Watt 2 bis 3 Minuten garen oder im Topf aufkochen und bei schwacher Hitze unter Rühren 3 bis 4 Minuten köcheln lassen, bis die gewünschte Konsistenz erreicht ist.

Inzwischen den Apfel oder die Birne waschen, halbieren, entkernen und in schmale Spalten oder kleine Würfel schneiden. Die Nüsse in einer Pfanne ohne Fett anrösten und nach Belieben grob hacken. Den Joghurt mit dem Proteinpulver verrühren.

Obst und Nüsse auf dem Porridge verteilen. Joghurt und Nussmus daraufklecksen und den Porridge nach Belieben mit Zimtpulver bestäubt servieren.

VARIANTE

Wenn du das Ganze am Vorabend zubereitest und über Nacht stehen lässt, entsteht eine kuchenähnliche feste Konsistenz – auch sehr lecker.

Smoothie-Quartett

 **FÜR VARIANTE 1 –
GRÜN**

2 Handvoll grünes Gemüse (z. B. Salatgurke, Staudensellerie, Babyspinat) und/oder Kräuter

1 walnussgroßes Stück Ingwer

1–2 Medjoul-Datteln oder ½ reife Banane

1 Handvoll TK-Mango

1 EL Hanfsamen

200 ml Flüssigkeit (z. B. ungesüßter Mandeldrink, Kokoswasser oder einfach Wasser)

15 g Kollagenpulver (nach Belieben)

ZUBEREITUNG

Das Gemüse putzen, waschen und in grobe Stücke schneiden. Die Kräuter waschen, trocken schütteln, die Blätter abzupfen und grob hacken. Den Ingwer schälen und grob würfeln. Die Datteln entsteinen und grob hacken bzw. die Banane schälen und in grobe Stücke schneiden.

Alle Zutaten in einem leistungsstarken Mixer cremig pürieren. Den Smoothie in ein Glas füllen und sofort genießen.

 **FÜR VARIANTE 2 –
SALTED CARAMEL**

1 reife Banane

1–2 Medjoul-Datteln

200 ml ungesüßter Mandeldrink

1 EL Mandelmus

2 EL Haferflocken

1 Prise gemahlene Vanille

1 Prise Salz

15 g Kollagenpulver oder 20 g Proteinpulver neutral oder mit Vanillegeschmack (nach Belieben)

ZUBEREITUNG

Die Banane schälen und in grobe Stücke schneiden. Die Datteln entsteinen und grob hacken.

Alle Zutaten in einem leistungsstarken Mixer cremig pürieren. Den Smoothie in ein Glas füllen und sofort genießen.

VARIANTE

Das Kollagen- oder Proteinpulver musst du nicht verwenden. Ich empfehle es allerdings, da dadurch dein Blutzuckerspiegel konstant bleibt und der Smoothie dich länger sättigt. Außerdem ist dies eine einfache Methode, um mehr Eiweiß in die Ernährung zu bringen.

FÜR VARIANTE 3 –
PEANUTBUTTER & JELLY

200 ml ungesüßter Mandeldrink

200 g TK-Beerenmischung

2 EL Kollagenpulver oder Proteinpulver mit
Vanillegeschmack

1 EL Erdnuss- oder Mandelmus

ZUBEREITUNG

Alle Zutaten in einem leistungsstarken Mixer
cremig pürieren. Den Smoothie in ein Glas
füllen und sofort genießen.

 FÜR VARIANTE 4 –
SCHOKO & NUSS

1 reife Banane

70 g TK-Zucchini oder -Blumenkohl

1 TL ungesüßtes Kakaopulver

1 TL Nussmus

1 TL Chiasamen

½ TL Zimtpulver

200 ml ungesüßter Pflanzendrink

1½ EL Kollagenpulver oder 2 EL Proteinpulver

ZUBEREITUNG

Die Banane schälen und in grobe Stücke
schneiden.

Alle Zutaten in einem leistungsstarken Mixer
cremig pürieren. Den Smoothie in ein Glas
füllen und sofort genießen.

Tipp:

Ich gebe jedem Smoothie 70–100 g gefrorene
Zucchini hinzu – man schmeckt sie nicht
raus, nimmt dadurch aber automatisch
eine zusätzliche Portion Gemüse zu sich.
Zudem bekommt der Smoothie
mehr Volumen, was einen positiven
Effekt auf die Sättigung haben kann.

Omelett

mit Spinat und Feta

1 PERSON ● **20 MINUTEN**

ZUTATEN

2 Eier (Größe M)

etwas frisch geriebene Muskatnuss

Salz, Pfeffer aus der Mühle

60 g Babyspinat

1 EL Olivenöl

1 EL gehackte Petersilie

½ TL abgeriebene Bio-Zitronenschale

50 g Feta (Schafskäse)

ZUBEREITUNG

Die Eier in einer Rührschüssel mit Muskat, Salz und Pfeffer verquirlen.

Den Spinat verlesen, waschen und trocken schleudern.

Das Olivenöl in einer beschichteten Pfanne (etwa 20 cm Durchmesser) erhitzen und den Spinat darin unter Wenden bei mittlerer Hitze kurz zusammenfallen lassen. Petersilie und Zitronenschale unterrühren. Die Eiermasse gleichmäßig darübergießen und bei schwacher Hitze etwa 5 bis 8 Minuten garen. Den Feta über die Eier bröseln und diese zugedeckt weitere 2 Minuten stocken lassen.

Das Omelett zusammenklappen und auf einen Teller gleiten lassen.

Tahin-Honig-Toast

mit Hüttenkäse und Pfirsich

1 PERSON ● **7 MINUTEN**

ZUTATEN

1 große oder 2 kleine Scheibe/n
glutenfreies Brot

1 Pfirsich

250 g Hüttenkäse oder
eine vegane Alternative

1–2 TL Tahin (Sesampaste) oder Mandelmus

Saft von ½ Zitrone

Salz

1 TL Honig

Minze zum Garnieren & etwas Honig zum
Beträufeln

ZUBEREITUNG

Das Brot im Toaster toasten oder in einer Pfanne bei mittlerer Hitze von beiden
Seiten anrösten. Den Pfirsich waschen, halbieren, entsteinen und in schmale
Spalten schneiden.

Den (veganen) Hüttenkäse mit Tahin, Zitronensaft, 1 Prise Salz und Honig im
Mixer zu einer cremigen Masse pürieren.

Das Brot mit der Creme bestreichen, mit Pfirsichspalten belegen und auf einem
Teller anrichten. Mit Minze garniert und mit etwas Honig beträufelt servieren.

VARIANTE

Anstelle von Hüttenkäse, kannst du auch Frischkäse oder
eine vegane Quarkalternative verwenden.

Tipp:

Die Butter kannst du durch Öl ersetzen und den Parmesan durch Feta.

Italo-Rührei

mit Cocktailtomaten

1 PERSON ● 20 MINUTEN

ZUTATEN

2–3 Eier (Größe M)

Salz, Pfeffer aus der Mühle

3 Stiele Basilikum

50 g Cocktailtomaten

1 Handvoll Rohkost (wie z.B. Sellerie, Möhren etc.)

1 TL Butter

1 EL Parmesanspäne

1–2 Scheiben glutenfreies Brot zum Servieren (nach Belieben)

ZUBEREITUNG

Die Eier in einer Schüssel mit etwas Salz und Pfeffer verquirlen. Basilikum waschen und trocken schütteln. Die Blätter abzupfen und, bis auf einige Blättchen zum Garnieren, fein hacken und unterheben. Die Tomaten waschen und halbieren.

Das Rohkost-Gemüse putzen, waschen und in Sticks schneiden.

Die Hälfte der Butter in einer Pfanne erhitzen, die Tomaten dazugeben und die Eiermasse darin bei mittlerer Hitze etwa 2 Minuten garen. Dann mit einem Spatel rundherum vom Rand zur Mitte schieben, bis eine fluffige Masse entsteht. Diese kurz weiterbraten, bis das Rührei gerade eben gestockt ist.

Die übrige Butter in die Mitte des Rühreis geben. Dieses auf einem Teller anrichten, mit Parmesan bestreuen und mit übrigem Basilikum garnieren. Die Gemüsesticks zum Rührei servieren. Nach Belieben Brot dazu reichen.

Shakshuka

1 PERSON ● **25 MINUTEN**

ZUTATEN

½ Zwiebel

1 Knoblauchzehe

2 Tomaten

1 EL Olivenöl

Salz, Pfeffer aus der Mühle

¼ TL Kreuzkümmelpulver

¼ TL Paprikapulver edelsüß

250 g passierte Tomaten

2 Eier (Größe M)

grobes Meersalz

gehackte Petersilie zum Garnieren

ZUBEREITUNG

Die Zwiebel und den Knoblauch schälen und fein würfeln. Die Tomaten waschen und würfeln.

Das Olivenöl in einer Pfanne erhitzen und Zwiebel sowie Knoblauch darin bei mittlerer Hitze glasig andünsten. Die Tomatenwürfel dazugeben, mit Salz, Pfeffer, Kreuzkümmel- und Paprikapulver würzen. Die passierten Tomaten dazugeben und alles unter Rühren 5 Minuten köcheln lassen. Die Sauce mit Salz und Pfeffer abschmecken.

In die Sauce mit einem Löffel zwei Kuhlen drücken. Die Eier einzeln in eine Tasse aufschlagen und vorsichtig in je eine Kuhle gleiten lassen. Die Eiweiße jeweils mit einem Löffel etwas über die Eigelbe ziehen. Die Eier zugedeckt bei mittlerer Hitze in etwa 6 Minuten stocken lassen.

Die Shakshuka mit Meersalz würzen und mit Petersilie garniert servieren.

Brötchen

mit pochiertem Ei aus der Mikrowelle

1 PERSON ● **20 MINUTEN**

ZUTATEN

Für das Brötchen:

2 EL feine Haferflocken

2 EL glutenfreies Mehl

½ TL Backpulver

1 Prise Salz

1 Ei (Größe M) oder 1 Eiweiß (Größe L)

4 EL ungesüßter Pflanzendrink

Für die pochierten Eier:

2 Eier (Größe M)

Salz

1 EL Schnittlauchröllchen

Zum Servieren:

1 Scheibe Räucherlachs

100 g Knabbergemüse (z. B. Möhrensticks, Gurkenscheiben, Radieschen, Cocktail-tomaten …)

ZUBEREITUNG

Alle Zutaten für das Brötchen in einer Schüssel mithilfe einer Gabel vermengen und kurz stehen lassen. Den Teig in eine große Tasse oder Müslischale geben und in der Mikrowelle bei 800 Watt 2 bis 2,5 Minuten backen.

Für die pochierten Eier eine kleine Schüssel mit Wasser füllen. Die Eier einzeln hineinschlagen und die Eigelbe mit einem Holzspieß anstechen. Die Schüssel zudecken und die Eier in der Mikrowelle bei 800 Watt etwa 1,5 Minuten garen.

Das Brötchen nach Belieben aufschneiden, mit Räucherlachs belegen und auf einem Teller anrichten. Die Eier mit einem Schaumlöffel vorsichtig aus dem Wasser auf den Teller heben, mit etwas Salz bestreuen und mit Schnittlauch garniert servieren. Knabbergemüse dazu reichen.

Tipp:

Das Omelett wird umso krosser, je länger es in der Pfanne bleibt. Diese darf dabei aber nicht zu heiß werden, da das Reispapier sonst bricht.

Reispapieromelett

mit Gemüse und Mozzarella

1 PERSON ● 20 MINUTEN

ZUTATEN

1 Frühlingszwiebel

50 g Babyspinat

100 g Champignons

65 g Mozzarella oder Feta

1 rundes Blatt Reispapier

½ TL Öl

1 Ei (Größe M)

Salz, Pfeffer aus der Mühle

Chilipulver (nach Belieben)

ZUBEREITUNG

Die Frühlingszwiebel putzen, waschen und in schmale Ringe schneiden. Den Spinat verlesen, waschen, trocken schleudern und grob hacken. Die Pilze putzen und, falls nötig, trocken abreiben. Dann klein schneiden. Den Mozzarella oder den Feta klein würfeln.

Das Reispapier in eine kleine beschichtete Pfanne geben, mit dem Öl bestreichen und bei schwacher bis mittlerer Hitze erwärmen. Das Ei auf das Reispapier geben, mit Salz, Pfeffer und nach Belieben auch mit Chilipulver würzen und mithilfe einer Gabel verquirlen. Das Gemüse auf dem Omelett verteilen und das Ei stocken lassen.

Zuletzt den Mozzarella oder den Feta auf dem Omelett verteilen, dieses zusammenklappen und servieren.

VARIANTE

Es schmeckt auch mit Lachs toll – hierzu einfach eine Scheibe Lachs auf das Ei geben und wie beschrieben zubereiten.

Brotzeit x5 – aber richtig

ZUTATEN FÜR ALLE BROTE

2 Scheiben glutenfreies Brot (z. B. das Saatenbrot von Seite 143)

 **FÜR VARIANTE 1 –
HÄHNCHEN & KRÄUTERQUARK**

50 g Hähnchenbrustfilet

½ TL Olivenöl

Salz, Pfeffer aus der Mühle

2 EL pflanzliche Quarkalternative

je 1 TL gehackte Petersilie und Schnittlauchröllchen

1 Stück Salatgurke (ca. 5 cm)

2 Blätter Kopfsalat

Gartenkresse zum Garnieren

 **FÜR VARIANTE 2 –
AVOCADO & TOMATE**

½ reife Avocado

5 Cocktailtomaten

1 Stück Salatgurke (ca. 5 cm)

2 TL pflanzliche Frischkäsealternative

1 TL gehackte Petersilie

Salz, Pfeffer aus der Mühle

½ TL Olivenöl

 **FÜR VARIANTE 3 –
BANANE & MANDELMUS**

½ Apfel

½ kleine Banane

2 TL dunkles Mandelmus,
plus mehr zum Garnieren

Salz

 **FÜR VARIANTE 4 –
LACHS & FETA**

2 Scheiben Räucherlachs

1 TL Kapern

30 g Feta (Schafskäse)

etwas frisch gepresster Zitronensaft

 **FÜR VARIANTE 5 –
ZIMTJOGHURT & FEIGE**

5 EL Soja-Joghurtalternative

etwas Zimtpulver, plus mehr zum Garnieren

1 Feige

ZUBEREITUNG

Das Brot toasten und nach Wahl belegen.

● **Für Variante 1** das Hähnchen waschen, trocken tupfen und in kleine Stücke schneiden. Das Olivenöl in einer Pfanne erhitzen und das Fleisch darin rundum bei mittlerer Hitze etwa 5 Minuten kräftig anbraten, mit Salz und Pfeffer würzen. Die Quarkalternative mit Kräutern und Salz verrühren. Die Gurke schälen, längs halbieren, die Kerne mit einem Teelöffel entfernen und das Fruchtfleisch klein würfeln. Den Salat waschen und trocken schleudern.
Die Brote mit dem Quark bestreichen, mit Salat, Gurke und Fleisch belegen und mit Kresse bestreut genießen.

● **Für Variante 2** die Avocadohälfte schälen und das Fruchtfleisch in schmale Spalten schneiden. Die Tomaten waschen und halbieren. Die Gurke waschen, längs halbieren, die Kerne mit einem Teelöffel entfernen und das Fruchtfleisch klein würfeln. Die Brote mit Frischkäsealternative bestreichen, mit Avocado, Tomaten und Gurke belegen. Dann mit Petersilie bestreuen, mit Salz und Pfeffer würzen und mit Olivenöl beträufelt genießen.

● **Für Variante 3** den Apfel waschen, halbieren, entkernen und in schmale Spalten schneiden. Die Banane schälen und schräg in Scheiben schneiden. Die Brote mit Mandelmus bestreichen, mit 1 Prise Salz bestreuen und mit Apfel und Banane belegen. Mit Mandelmus beträufelt genießen.

● **Für Variante 4** die Brote mit Lachs und Kapern belegen. Den Feta darüberbröseln, alles mit etwas Zitronensaft beträufeln und genießen.

● **Für Variante 5** die Joghurtalternative mit etwas Zimtpulver glatt rühren und auf die Brote streichen. Die Feige waschen, in schmale Scheiben schneiden und auf den Broten verteilen. Diese mit etwas Zimtpulver bestäubt servieren.

Salate

Wer immer noch glaubt, Salate
sind langweilig und bestehen nur
aus Kopfsalat und Tomaten, der ...
ist hier richtig! Alle Rezepte
lassen sich auch hervorragend mit
auf die Arbeit nehmen.

 Salat

mit Ziegenkäse, Trauben und Nüssen

1 PERSON ● **20 MINUTEN**

ZUTATEN

Für den Salat:

75 g Feldsalat oder anderer Blattsalat

½ kleine rote Zwiebel

100 g Cocktailtomaten

50 g grüne Weintrauben

60 g Ziegenkäserolle

½ TL Honig

½ Zweig Rosmarin

1 EL Walnusskerne

Für das Dressing:

1 EL Apfelessig oder Balsamico bianco

1 EL frisch gepresster Orangensaft

1 EL Olivenöl

Salz, Pfeffer aus der Mühle

ZUBEREITUNG

Den Backofen auf 200 °C Ober-/Unterhitze (180 °Umluft) vorheizen. Den Salat verlesen, waschen und trocken schleudern. Die Zwiebel schälen und fein würfeln. Die Tomaten und die Trauben waschen und halbieren.

Den Ziegenkäse in eine ofenfeste Form geben und mit dem Honig beträufeln. Den Rosmarinzweig waschen, trocken tupfen und auf den Käse geben. Diesen im Ofen auf der mittleren Schiene 5 bis 7 Minuten backen.

Inzwischen die Walnusskerne in einer beschichteten Pfanne ohne Fett anrösten und herausnehmen.

Für das Dressing Essig, Orangensaft, Olivenöl, Salz und Pfeffer verquirlen. Die Zwiebelwürfel untermischen, den Salat damit vermengen und auf einer Platte anrichten. Tomaten und Trauben darauf verteilen.

Den Salat mit dem warmen Ziegenkäse und den Walnusskernen getoppt servieren.

Quinoasalat

mit Datteln und Kichererbsen

1 PERSON ● **20 MINUTEN**

ZUTATEN

60 g Quinoa
Salz
3–4 Datteln (ca. 30 g)
50 Kichererbsen (Dose oder Glas)
½ rote Spitzpaprikaschote
1 große Möhre

2 Tomaten
5 Stiele Petersilie
1 Frühlingszwiebel
1 EL geröstete Mandeln und/oder Cashewkerne
1 EL Olivenöl
Saft von 1 Zitrone oder 1 EL Apfelessig
Pfeffer aus der Mühle

ZUBEREITUNG

Die Quinoa in einem Sieb gründlich abbrausen, dann abtropfen lassen.
Nach Packungsanweisung in Salzwasser garen.

Inzwischen die Datteln entsteinen und klein schneiden. Die Kichererbsen in ein Sieb abgießen, kalt abbrausen und abtropfen lassen.

Die Paprikaschote entkernen, waschen und klein würfeln. Die Möhre putzen, schälen und klein würfeln. Die Tomaten waschen und klein würfeln. Die Petersilie waschen und trocken schütteln. Die Blätter abzupfen und fein hacken. Die Frühlingszwiebel putzen, waschen und in schmale Ringe schneiden.

Die Quinoa abgießen und gut abtropfen lassen. Alle vorbereiteten Zutaten sowie die Mandeln und/oder Cashewkerne mit dem Olivenöl in einer Schüssel mischen. Den Salat mit Zitronensaft, Salz und Pfeffer abschmecken und auf einem Teller servieren.

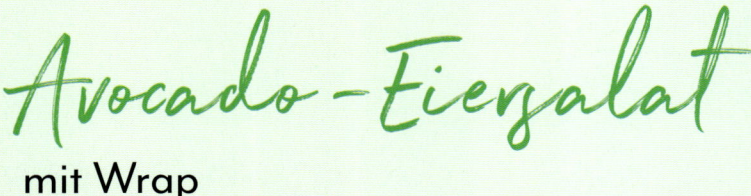Avocado-Eiersalat

mit Wrap

1 PERSON ● 15 MINUTEN

ZUTATEN

1 Mini-Römersalatherz

100 g Salatgurke

1 Tomate

je 3 Stiele Petersilie und Dill

½ reife Avocado

1 Ei, hartgekocht

1 EL Naturjoghurt (z. B. aus Schafsmilch)

1 TL frisch gepresster Zitronensaft

1 TL Olivenöl

Salz, Pfeffer aus der Mühle

1 Tortilla-Fladen

ZUBEREITUNG

Den Salat in die einzelnen Blätter teilen, waschen, trocken schleudern und in schmale Streifen schneiden. Die Gurke waschen, nach Belieben schälen und klein würfeln. Die Tomate waschen, vierteln, entkernen und ebenfalls klein würfeln. Die Kräuter waschen und trocken schütteln. Die Blätter bzw. Fähnchen abzupfen und fein hacken.

Die Avocadohälfte schälen und das Fruchtfleisch klein schneiden. Das Ei pellen und ebenfalls klein schneiden.

Joghurt, Zitronensaft und Olivenöl glatt verrühren. Den Salat, das Gemüse, die Kräuter, die Avocado und das Ei unterheben. Mit Salz und Pfeffer abschmecken. Den Tortilla-Fladen in einer Pfanne ohne Fett auf jeder Seite etwa 1 Minute backen. Mit dem Eiersalat belegen und sofort servieren.

VARIANTE

Der Avodado-Eiersalat schmeckt auch mit dem Pfannenbrot von Seite 131 oder mit einer Scheibe Saatenbrot von Seite 143 hervorragend.

Tipp:

Der Salat lässt sich auch super vorbereiten: Im Kühlschrank bleibt er zugedeckt bis zu 2 Tage frisch.

Bulgursalat

mit Feta und Erbsen

1 PERSON ● 20 MINUTEN

ZUTATEN

Für den Salat:

60 g Bulgur

150 ml Gemüsebrühe

40 g TK-Erbsen

je 3 Stiele Minze und Petersilie

1 Frühlingszwiebel

Salz, Pfeffer aus der Mühle

Für das Dressing:

2 EL Naturjoghurt

Saft von ½ Zitrone

etwas Honig

Salz, Pfeffer aus der Mühle

Zum Garnieren:

30 g Feta (Schafskäse)

Chiliflocken (Pul Biber; nach Belieben)

ZUBEREITUNG

Für den Salat den Bulgur nach Packungsanweisung in der Gemüsebrühe kochen. Etwa 5 Minuten vor Ende der Garzeit die gefrorenen Erbsen dazugeben.

Inzwischen die Kräuter waschen und trocken schütteln. Die Blätter abzupfen und fein hacken. Die Frühlingszwiebel putzen, waschen und in schmale Ringe schneiden. Für das Dressing den Joghurt mit Zitronensaft, Honig, Salz und Pfeffer verrühren. Die Bulgur-Erbsen-Mischung mit Kräutern, Frühlingszwiebelringen und Dressing in einer Schüssel vermengen.

Den Salat mit Salz und Pfeffer abschmecken, auf einem Teller anrichten, den Feta darüberbröseln und den Salat nach Belieben mit Chiliflocken bestreut servieren.

VARIANTE

Verwende hier auch gerne Quinoa oder Reis, das passt ebenso prima.

Pasta-Salat
mit Grillgemüse

1 PERSON ● **30 MINUTEN**

ZUTATEN

50 g glutenfreie oder Buchweizenpasta

Salz

½ kleine Zucchini

½ rote Paprikaschote

4 Cocktailtomaten

50 g Rucola

je 1 EL Olivenöl & Aceto balsamico

1 EL gehackte Kräuter (z. B. ein Mix aus Thymian und Basilikum)

1½ EL Basilikumpesto

1 EL geröstete Pinienkerne

Pfeffer aus der Mühle

ZUBEREITUNG

Die Pasta nach Packungsanweisung in Salzwasser garen.

Inzwischen die Zucchini putzen, waschen und mit einem Spiralschneider oder mit dem Sparschäler in Streifen schneiden. Die Paprikaschote entkernen, waschen und in schmale Streifen schneiden. Die Tomaten waschen und vierteln. Den Rucola verlesen, waschen und trocken schleudern. Grobe Stiele entfernen und den Rucola klein schneiden.

Das Olivenöl in einer (Grill-)Pfanne erhitzen und Zucchini sowie Paprika darin rundum bei mittlerer Hitze 4 bis 5 Minuten gut anbraten. Das Gemüse mit Balsamico ablöschen, die Tomaten dazugeben und alles kurz weitergaren.

Die Nudeln abgießen, abtropfen lassen und mit Gemüse, Rucola, Kräutern, Pesto und Pinienkernen mischen. Mit Salz und Pfeffer abschmecken und sofort servieren.

Griechischer Salat
mit Thunfisch und Reis

1 PERSON ● **15 MINUTEN**

ZUTATEN

Für den Salat:

½ Salatgurke

100 g Tomaten

½ kleine rote Zwiebel

3 Stiele Petersilie

3 Halme Schnittlauch

90 g Thunfisch (Dose)

7 grüne Oliven (ohne Stein)

125 g gegarter Reis

Für das Dressing:

1 TL Olivenöl

1 Schuss Weißweinessig

Salz, Pfeffer aus der Mühle

½ TL getrockneter Oregano

Zum Garnieren:

15 g Light-Feta (Schafskäse; nach Belieben)

ZUBEREITUNG

Für den Salat die Gurke waschen und klein würfeln. Die Tomaten waschen und ebenfalls klein würfeln. Die Zwiebel schälen und fein würfeln. Die Kräuter waschen, trocken schütteln und die Blätter bzw. Halme klein schneiden. Den Thunfisch zerpflücken. Die Oliven in Scheiben schneiden.

Für das Dressing Olivenöl, Essig, Salz, Pfeffer und Oregano in einer Schüssel verrühren. Die Zwiebel unterrühren. Den Reis und alle vorbereiteten Zutaten dazugeben und alles gut miteinander vermischen.

Den Salat auf einem Teller anrichten und nach Belieben Feta darüberbröseln.

Einfacher Linsensalat

mit Babyspinat und Feta

1 PERSON ● **20 MINUTEN**

ZUTATEN

Für den Salat:

200 g gegarte Linsen (Dose)

je 1 rote Paprikaschote & 1 kleine Zwiebel

½ Salatgurke

1 Möhre

1 Handvoll Babyspinat

3 Stiele Petersilie

Für das Dressing:

1 EL Olivenöl

Saft von ½ Zitrone

Salz, Pfeffer aus der Mühle

Zum Garnieren:

40 g Feta (Schafskäse)

1 EL geröstete Sonnenblumenkerne

ZUBEREITUNG

Für den Salat die Linsen in ein Sieb abgießen, kalt abbrausen und abtropfen lassen.

Die Paprikaschote längs halbieren, entkernen, waschen und klein würfeln. Die Zwiebel schälen, halbieren und fein würfeln. Die Gurke waschen, längs halbieren, die Kerne mit einem Teelöffel entfernen und das Fruchtfleisch klein würfeln. Die Möhre putzen, schälen und fein würfeln. Den Spinat verlesen, waschen und trocken schleudern. Die Petersilie waschen und trocken schütteln. Die Blätter abzupfen und fein hacken.

Für das Dressing Olivenöl und Zitronensaft verquirlen, mit Salz und Pfeffer kräftig abschmecken.

Alle vorbereiteten Zutaten, bis auf Spinat, in einer Schüssel mit dem Dressing vermengen. Den Spinat auf einem Teller anrichten und den Linsensalat daraufgeben. Den Feta auf den Salat bröseln und alles mit Sonnenblumenkernen bestreut servieren.

Tipp:

Passt ideal zu
Hähnchen, Fisch
oder einer veganen
Alternative.

Frischer Basissalat

1 PERSON ● **10 MINUTEN**

ZUTATEN

Für den Salat:

1 reife Avocado

2 Minigurken oder ½ Salatgurke

75 g Cocktailtomaten

3 Stiele Dill

Für das Dressing:

1 EL Olivenöl

1 EL Tahin (Sesampaste)

Saft von 1 Zitrone

1 Spritzer Honig (nach Belieben)

1 Knoblauchzehe (nach Belieben)

Salz, Pfeffer aus der Mühle

Zum Garnieren:

1 TL geröstete Kürbis-, Pinien-
oder Sonnenblumenkerne (nach Belieben)

ZUBEREITUNG

Für den Salat die Avocado halbieren und den Stein entfernen. Die Avocadohälften schälen und das Fruchtfleisch in schmale Spalten schneiden. Die Gurken waschen und in schmale Scheiben schneiden oder hobeln. Die Tomaten waschen und halbieren oder vierteln. Den Dill waschen und trocken schütteln. Die Fähnchen abzupfen und, bis auf etwas zum Garnieren, fein hacken.

Für das Dressing Olivenöl, Tahin, Zitronensaft und nach Geschmack Honig in einer Schale verrühren. Nach Belieben Knoblauch schälen und dazupressen. Das Dressing mit Salz und Pfeffer abschmecken.

Avocado, Gemüse und Dill dekorativ auf einem Teller anrichten.
Das Dressing darüberträufeln. Den Salat mit übrigem Dill und nach Belieben auch mit gerösteten Kernen garnieren.

Nudelsalat Caprese
mit Rucola

2 PERSONEN ● **20 MINUTEN**

ZUTATEN

Für den Nudelsalat:

100 g glutenfreie Nudeln

Salz

200 g Cocktailtomaten

80 g Rucola

25 g getrocknete Tomaten

1 EL Apfelessig

Pfeffer aus der Mühle

1 EL Olivenöl

Zum Garnieren:

125 g Mini-Mozzarella

2 EL geröstete Kerne nach Wahl
(z. B. Pinienkerne)

Basilikum

ZUBEREITUNG

Die Nudeln nach Packungsanweisung in Salzwasser garen.

Inzwischen die Cocktailtomaten waschen und halbieren. Den Rucola verlesen, waschen und trocken schleudern, grobe Stiele entfernen. Größere Blätter eventuell grob hacken. Die getrockneten Tomaten klein würfeln.

Den Essig in einer Schüssel mit Salz und Pfeffer verrühren. Das Olivenöl unterquirlen.

Die Nudeln abgießen, kalt abschrecken, abtropfen lassen und mit allen vor-bereiteten Zutaten unter das Dressing mischen.

Den Nudelsalat auf einem Teller anrichten und alles mit Mini-Mozzarella, gerösteten Kernen und Basilikum garniert servieren.

Tipp:

In der Mikrowelle ist die Süßkartoffel schneller gar. Dafür die Stücke in ein angefeuchtetes Stück Küchenpapier wickeln und bei 800 Watt etwa 3 Minuten garen.

Superfood-Salat

mit Süßkartoffel und Ei

1 PERSON ● **35 MINUTEN**

ZUTATEN

Für den Salat:

1 Süßkartoffel (ca. 200 g)

½ TL Olivenöl

Salz, Pfeffer aus der Mühle

1 Msp. Zimtpulver

2 Eier (Größe M)

3 EL Quinoa

50 g TK-Brokkoli

1½ EL Cranberrys oder Rosinen

einfaches Zitronen-Kräuter-Dressing (Seite 90)

Zum Garnieren:

20 g Feta (Schafskäse)

1 EL geröstete Kürbiskerne

1 EL gehackte Petersilie

ZUBEREITUNG

Den Backofen auf 180 °C Ober-/Unterhitze (160 °C Umluft) vorheizen. Für den Salat die Süßkartoffel putzen, schälen und in etwa 2 cm große Stücke schneiden.

Olivenöl, Salz, Pfeffer, Zimtpulver und Süßkartoffel in einer ofenfesten Form vermengen und im Ofen auf der mittleren Schiene 15 bis 20 Minuten backen.

Inzwischen die Eier in kochendem Wasser in etwa 8 Minuten hart kochen, kalt abschrecken.

Die Quinoa in einem Sieb gründlich abbrausen, dann abtropfen lassen. In 70 ml gesalzenem Wasser aufkochen und etwa 15 Minuten köcheln lassen, bis das Wasser vollständig aufgenommen ist.

Den Brokkoli in einem kleinen Topf mit wenig Wasser in etwa 4 Minuten bissfest dünsten. Quinoa, Süßkartoffel, Brokkoli und Cranberrys oder Rosinen in einer Schüssel vermengen. Das Dressing untermischen. Den Salat mit Salz und Pfeffer abschmecken und auf einen Teller geben.

Die Eier pellen, achteln und auf den Salat geben. Den Feta darüberbröseln, alles mit Kürbiskernen und Petersilie bestreut servieren.

Grüner Süßkartoffelsalat

1 PERSON ● 20 MINUTEN

ZUTATEN

150 g Süßkartoffel

½ Avocado

etwas frisch gepresster Zitronensaft

Salz, Pfeffer aus der Mühle

60 g Mais (Dose)

1 kleine rote Zwiebel

1 Hand voll Rucola

3 EL gehackte Petersilie

100 g Feta (Schafskäse)

ZUBEREITUNG

Die Süßkartoffel putzen, schälen, in Stücke schneiden und in ein angefeuchtetes Stück Küchenpapier wickeln. Dann auf einen Teller geben und in der Mikrowelle bei etwa 800 Watt 3 Minuten garen.

Inzwischen die Avocadohälfte schälen, das Fruchtfleisch mit einer Gabel zerdrücken und mit etwas Zitronensaft, Salz und Pfeffer abschmecken.

Den Mais in einem Sieb abbrausen und abtropfen lassen. Die Zwiebel schälen, halbieren und in feine Scheiben hobeln oder schneiden. Den Rucola verlesen, waschen, trocken schleudern, grobe Stielen entfernen und den Rucola auf einem Teller ausbreiten.

Süßkartoffelstücke, Zwiebel, Mais und 2 EL Petersilie mischen, auf dem Rucola anrichten. Avocado daraufklecksen und den Feta darüberbröseln. Den Salat mit der übrigen Petersilie bestreut servieren.

VARIANTE

Statt Feta kannst du auch gegartes Hähnchenbrustfilet, Hähnchenschinken oder gebratenen Tempeh hinzufügen.

Tipp:

Alternativ kannst du auch den Rucola klein hacken und alle Zutaten mit der Avocado vermischen. Der Salat schmeckt dann noch besser, wenn er etwas durchgezogen hat.

Einfache Dressings

 **FÜR VARIANTE 1 –
ZITRONEN-KRÄUTER-DRESSING
AUF VORRAT**

2 Bio-Zitronen

60 ml Olivenöl

1 EL Dijon-Senf

2 TL gehackte Kräuter nach Wahl
(z. B. Basilikum, Rosmarin, Petersilie ...)

1 TL Honig

¼ TL Salz, Pfeffer aus der Mühle

ZUBEREITUNG

Die Zitronen heiß waschen, trocken reiben und
die Schale abreiben. Die Zitronen halbieren
und den Saft auspressen.

Alle Zutaten in ein Schraubglas geben, das
Glas verschließen und kräftig schütteln. Das
Dressing mit Salz und Pfeffer abschmecken.

**HALTBARKEIT:
im Kühlschrank bis zu 4 Tage**

 **FÜR VARIANTE 2 –
TERIYAKI-DRESSING**

60 ml Kokos Aminos (asiatische Würzsauce)
oder Tamarisauce

2 TL Öl (z. B. geröstetes Sesamöl)

2 TL Honig oder etwas Stevia

1 EL Dijon-Senf

1 TL geriebener Ingwer

Salz, Pfeffer aus der Mühle

ZUBEREITUNG

Alle Zutaten in ein Schraubglas geben, das Glas
verschließen und kräftig schütteln. Das Dressing
mit Salz und Pfeffer abschmecken.

3 **FÜR VARIANTE 3 –
HONIG-SENF-DRESSING**

ca. 1 TL Dijon-Senf

2 El Apfelessig oder Aceto balsamico

1 EL Honig

1 EL Olivenöl

Salz, Pfeffer aus der Mühle

ZUBEREITUNG

Alle Zutaten, bis auf das Olivenöl, in einer
Schüssel verrühren. Das Olivenöl unterquirlen.

Das Dressing mit Salz und Pfeffer abschmecken.

Je nach gewünschter Konsistenz noch 1 Schuss
Wasser unterrühren.

FÜR VARIANTE 4 –
TAHIN-DRESSING

1 TL Tahin (Sesampaste)

2 EL Apfelessig

1 EL Olivenöl

1 TL Honig oder Stevia

Saft von ½ Zitrone

Salz, Pfeffer aus der Mühle

ZUBEREITUNG

Alle Zutaten in ein Schraubglas geben, das Glas
verschließen und kräftig schütteln. Das Dressing
mit Salz und Pfeffer abschmecken.

VARIANTE

Für mehr Cremigkeit 1 EL vegane
Joghurtalternative unterrühren.

 FÜR VARIANTE 5 –
WALNUSS-DRESSING

3 EL Apfel- oder Orangensaft

2 EL Aceto balsamico oder Apfelessig

1 EL Dijon-Senf

1 TL Honig oder Prise Stevia

2 EL Walnussöl

Salz, Pfeffer aus der Mühle

ZUBEREITUNG

Alle Zutaten, bis auf das Öl, in einer Schüssel
verrühren. Das Öl unterquirlen. Das Dressing
mit Salz und Pfeffer abschmecken.

 FÜR VARIANTE 6 –
JOGHURT-DRESSING

100 g ungesüßte pflanzliche
Joghurtalternative (z. B. auf Sojabasis)

2 EL Apfelessig

1 EL Mandelmus

1 EL Olivenöl

1 TL Honig oder etwas Stevia

1 EL gehackte Petersilie und/oder Schnittlauchröllchen

Salz, Pfeffer aus der Mühle

ZUBEREITUNG

Alle Zutaten in ein Schraubglas geben, das Glas
verschließen und kräftig schütteln. Das Dressing
mit Salz und Pfeffer abschmecken.

Hauptgerichte

Hier findest du Ideen für schnelle
Gerichte, die sich perfekt als
Mittag- oder Abendessen eignen.
Ich koche gerne am Abend und
bereite gleich etwas mehr zu,
damit ich mir am nächsten Tag
keine Sorgen um das Mittagessen
machen muss.

Rote Spaghetti

mit Mozzarella

1 PERSON ● **35 MINUTEN**

ZUTATEN

1 rote Paprikaschote

½ Zwiebel

½ Knoblauchzehe

100 g Cocktailtomaten

1 EL Olivenöl

Salz, Pfeffer aus der Mühle

einige Chiliflocken

80 g glutenfreie Spaghetti

130 ml ungesüßter Pflanzendrink

½ Kugel Mozzarella (ca. 60 g)

Basilikum zum Garnieren

ZUBEREITUNG

Den Backofen auf 180 °C Ober-/Unterhitze (160 °C Umluft) vorheizen.
Die Paprikaschote längs halbieren, entkernen, waschen und grob würfeln. Die
Zwiebel und den Knoblauch schälen und klein würfeln. Die Tomaten waschen.

Das Gemüse mit Olivenöl, Salz, Pfeffer und Chiliflocken mischen, auf einem mit
Backpapier belegten Blech verteilen und im Ofen auf der mittleren Schiene etwa
20 Minuten backen.

Inzwischen die Spaghetti nach Packungsanweisung in Salzwasser garen.
Abgießen und gut abtropfen lassen.

Das geröstete Gemüse mit dem Pflanzendrink im Mixer fein pürieren. Mit Salz und
Pfeffer abschmecken und mit den Nudeln mischen.

Auf einem Teller anrichten. Den Mozzarella in Stücke zupfen und darauf verteilen.
Mit Basilikumblättchen garniert servieren.

VARIANTE

**Make it vegan – nutze hier gerne eine vegane Alternative
anstelle des Mozzarellas aus Kuhmilch und Black Bean Spaghetti
anstatt der glutenfreien Spaghettis.**

Tipp:

Die Nuggets schmecken
auch mit Reis und
Gemüse als Beilagen.

Gebackene Chicken Nuggets
mit Salat und Dressing

2 PERSONEN ● **40 MINUTEN**

ZUTATEN

Für die Nuggets:

2 Eier (Größe M)

80 g Corn- oder Buchweizenflakes

3 EL Mandel- oder Hafermehl

1 TL Paprikapulver edelsüß

Salz, Pfeffer aus der Mühle

350 g Hähnchenbrustfilet

Für den Salat:

200 g Blattsalatmischung (Kühlregal)

2 kleine Avocados

5 EL griechischer Joghurt

Saft und Abrieb von 1 Bio-Zitrone

Salz, Pfeffer aus der Mühle

ZUBEREITUNG

Den Backofen auf 190 °C Ober-/Unterhitze (170 °Umluft) vorheizen.

Für die Nuggets die Eier in einem tiefen Teller verquirlen. Die Flakes nach Belieben im Mixer zerkleinern oder ganz lassen und in einen zweiten tiefen Teller geben. Mandel- oder Hafermehl, Paprikapulver, ½ TL Salz und etwas Pfeffer in einem dritten Teller mischen.

Das Hähnchenbrustfilet waschen, trocken tupfen, in mundgerechte Stücke schneiden und im Mehl wenden, überschüssiges Mehl abklopfen. Dann durch die verquirlten Eier ziehen und zuletzt in den Flakes wenden, diese gut andrücken.

Die Nuggets auf einem mit Backpapier belegten Backblech verteilen und im Ofen auf der mittleren Schiene etwa 25 Minuten backen, nach der Hälfte der Zeit wenden.

Inzwischen für den Salat die Blattsalatmischung waschen und trocken schleudern. Die Avocados halbieren und den Stein entfernen. Die Avocadohälften schälen und das Fruchtfleisch mit Joghurt, Zitronensaft und -abrieb sowie 2 EL Wasser im Mixer zu einem cremigen Dressing pürieren. Mit Salz und Pfeffer abschmecken. Die Nuggets und den Salat auf einem Teller anrichten. Den Salat mit dem Dressing beträufeln.

Buchweizenpizza

2 PERSONEN ● **35 MINUTEN**

ZUTATEN

Für den Teig:

140 g Buchweizenmehl, plus mehr zum Arbeiten

1 EL Öl

Für den Belag:

3–4 EL stückige Tomaten (Dose)

Salz, Pfeffer aus der Mühle

1 TL getrockneter Oregano

Tempeh, Tofu oder Thunfisch (Dose)

Gemüse (z. B. Brokkoli, Zucchini und Paprikaschote)

grüne oder schwarze Oliven (nach Belieben)

½ Kugel Mozzarella (ca. 60 g; nach Belieben)

ZUBEREITUNG

Den Backofen auf 200 °C Ober-/Unterhitze (180 °Umluft) vorheizen.

Für den Teig das Mehl, 80 ml Wasser und das Öl verkneten. Den Teig auf einem leicht bemehlten Stück Backpapier zu einem dünnen Teig ausrollen.

Tomaten mit Salz, Pfeffer und Oregano vermischen und auf den Teig geben. Tempeh, Tofu oder Thunfisch in Stücke schneiden bzw. zerpflücken und auf der Pizza verteilen. Das Gemüse putzen, waschen, klein schneiden und ebenfalls auf die Pizza geben. Nach Belieben Oliven darauf verteilen.

Die Pizza im Ofen auf der mittleren Schiene 10 bis 15 Minuten backen. Inzwischen den Mozzarella, falls verwendet, in Stücke schneiden. Die Pizza damit belegen und in etwa 10 Minuten fertig backen. Direkt genießen.

Kartoffel-Brokkoli-Gratin

2 PERSONEN ● **40 MINUTEN**

ZUTATEN

250 g festkochende Kartoffeln

Salz

250 g TK-Brokkoli

Fett für die Form

200 ml Mandel-, Hafer- oder Sojacuisine

50 g Frischkäse

Salz, Pfeffer aus der Mühle

frisch geriebene Muskatnuss

80 g geriebener Light-Käse

gehackte Petersilie zum Garnieren

ZUBEREITUNG

Die Kartoffeln schälen, waschen, in Scheiben schneiden und in kochendem Salzwasser etwa 6 Minuten garen. Inzwischen den Brokkoli in einem kleinen Topf mit wenig Salzwasser in etwa 3 Minuten bissfest dünsten.

Den Backofen auf 200 °C Ober-/Unterhitze (180 °C Umluft) vorheizen und eine ofenfeste Form ausfetten.

Pflanzencuisine, Frischkäse und Gewürze in einer Schüssel verquirlen. Die Hälfte des Käses unterrühren.

Abwechselnd Kartoffeln und Brokkoli in die Form schichten und die Sauce gleichmäßig darüber verteilen. Das Gratin mit dem restlichen Käse bestreuen und im Ofen auf der mittleren Schiene etwa 20 Minuten backen.

Herausnehmen und mit Petersilie bestreut servieren.

VARIANTE

Für eine Low-Carb-Variante ersetze ich gern die Kartoffeln durch Möhren oder Zucchini.

Cremige Gemüsepfanne
mit Pesto

1 PERSON ● **25 MINUTEN**

ZUTATEN

1 Möhre

80 g Zucchini

70 g Brokkoliröschen

½ rote Paprikaschote

1 kleine rote Zwiebel

125 g Hähnchenbrustfilet

1 EL Olivenöl

Salz, Pfeffer aus der Mühle

60 g TK-Erbsen

70 ml Hafer- oder Mandelcuisine oder Frischkäse

1½ EL Basilikumpesto oder rotes Pesto

½ TL TK-Kräutermischung

ZUBEREITUNG

Die Möhre putzen, schälen und schräg in schmale Scheiben schneiden. Die Zucchini putzen, waschen, längs halbieren und ebenfalls in schmale Scheiben schneiden. Den Brokkoli waschen. Die Paprikaschote entkernen, waschen und klein schneiden. Die Zwiebel schälen, halbieren und in dünne Streifen schneiden.

Das Hähnchenfilet waschen, trocken tupfen und in kleine Stücke schneiden. Das Olivenöl in einer beschichteten Pfanne erhitzen und das Fleisch darin rundum bei mittlerer Hitze 2 bis 3 Minuten kräftig anbraten, mit Salz und Pfeffer würzen. Das vorbereitete Gemüse sowie die gefrorenen Erbsen dazugeben und alles unter Wenden 5 Minuten garen.

Die Pflanzencuisine oder den Frischkäse mit dem Pesto verrühren und zur Gemüsepfanne geben. Alles einmal aufkochen und mit Salz und Pfeffer abschmecken. Die Kräuter unter die Gemüsepfanne heben und diese auf einem Teller servieren.

VARIANTE

Für eine vegetarische Variante statt Hähnchen Tempehstreifen oder Tofuwürfel anbraten.

Tipp:

Wenn es schnell gehen muss, nehme ich gerne eine TK-Gemüsemischung (ungewürzt). Du kannst auch Reis oder Quinoa dazu servieren, dann ist es aber kein Low-Carb-Gericht mehr.

Tipp:

Statt der einzelnen Gewürze kannst du auch einfach 3 TL Currypulver verwenden.

One Pot Chicken Tikka
mit Reis

2 PERSONEN ● **40 MINUTEN**

ZUTATEN

200 g Hähnchenbrustfilet

½ Zwiebel

1 walnussgroßes Stück Ingwer
(nach Belieben)

1 Knoblauchzehe (nach Belieben)

1 EL Olivenöl

½ TL Kreuzkümmelpulver

1 TL Kurkumapulver

1 TL Paprikapulver edelsüß

½ TL Garam Masala

1 EL Tomatenmark

200 ml passierte Tomaten

90 ml Mandel- oder Hafercuisine

ca. 2 EL frisch gepresster Zitronensaft

Salz

110 g Reis

Pfeffer aus der Mühle

1 EL Joghurt zum Garnieren

1 EL gehackter Koriander zum Garnieren

ZUBEREITUNG

Das Hähnchenfilet waschen, trocken tupfen und in etwa 3 cm große Stücke schneiden. Die Zwiebel schälen und fein würfeln. Ingwer und Knoblauch, falls verwendet, schälen und sehr fein schneiden.

Das Olivenöl in einer Pfanne erhitzen und das Hähnchenfilet darin rundum bei mittlerer Hitze etwa 5 Minuten braten, bis es durch ist. Am Ende Zwiebel, Ingwer und Knoblauch dazugeben und mitbraten. Gewürze und Tomatenmark unterrühren und kurz anrösten. Passierte Tomaten, 200 ml Wasser, Pflanzencuisine und Zitronensaft dazugeben, alles mit Salz würzen und einmal aufkochen.

Den Reis gut unterrühren und alles zugedeckt bei schwacher bis mittlerer Hitze 15 bis 20 Minuten köcheln lassen. Dabei ab und zu umrühren.

Das Chicken Tikka mit Zitronensaft, Salz und Pfeffer abschmecken. Mit einem Klecks Joghurt und Koriander bestreut anrichten.

Tipp:

Dazu passt ein grüner Salat mit Tomaten und eine Scheibe glutenfreies Brot.

Feierabend-Omelett

mit frischem Gemüse

1 PERSON ● **20 MINUTEN**

ZUTATEN

¼ rote Paprikaschote (ca. 50 g)

¼ Zucchini (ca. 50 g)

30 g Pilze (z. B. Champignons)

2 Eier (Größe M)

Salz, Pfeffer aus der Mühle

1 TL gehackte Petersilie, plus mehr zum Garnieren

1–2 TL Butter oder Olivenöl

40 g TK-Erbsen

ZUBEREITUNG

Die Paprikaschote entkernen, waschen und klein würfeln. Die Zucchini putzen, waschen und ebenfalls klein würfeln. Die Pilze putzen und, falls nötig, trocken abreiben. Dann in schmale Scheiben schneiden. Die Eier mit Salz, Pfeffer und Petersilie verquirlen.

Das Fett in einer beschichteten Pfanne erhitzen und das vorbereitete Gemüse sowie die gefrorenen Erbsen darin rundum bei mittlerer Hitze etwa 5 Minuten andünsten. Das Gemüse aus der Pfanne nehmen.

Eventuell noch etwas Fett in die Pfanne geben und die Eiermasse darin bei nicht zu starker Hitze in 4 bis 5 Minuten stocken lassen. Das Gemüse auf dem Omelett verteilen.

Dieses zusammenklappen und auf einen Teller gleiten lassen.
Mit Petersilie bestreut servieren.

Tipp:

Dazu passt ein gemischter Salat.

Kartoffel-Hack-Auflauf

mit Zucchini

2 PERSONEN ● **50 MINUTEN**

ZUTATEN

1 rote Zwiebel

je 1 Zucchini & Stange Lauch

3 festkochende Kartoffeln

1 EL Öl

250 g Rinderhackfleisch oder -tatar

Salz, Pfeffer aus der Mühle

½ TL Paprikapulver edelsüß

¼ TL Kreuzkümmelpulver

2 Eier (Größe M)

5 EL ungesüßter Pflanzendrink oder Hafercuisine

60 g geriebener Light-Käse

ZUBEREITUNG

Die Zwiebel schälen, halbieren und fein schneiden. Die Zucchini und den Lauch putzen, waschen und in schmale Scheiben schneiden. Die Kartoffeln schälen, waschen und ebenfalls in schmale Scheiben schneiden.

Den Backofen auf 180 °C Ober-/Unterhitze (160 °C Umluft) vorheizen.

Das Öl in einer beschichteten Pfanne erhitzen und das Fleisch darin rundum bei mittlerer Hitze in 5 Minuten krümelig anbraten. Das vorbereitete Gemüse dazugeben und kurz mitbraten. Alles mit Salz, Pfeffer, Paprika- und Kreuzkümmelpulver würzen.

Die Eier mit der Pflanzendrink oder der Hafercuisine verquirlen und ebenfalls mit Salz und Pfeffer würzen. Die Hack-Gemüse-Mischung in einer ofenfesten Form verteilen, die Eiermilch darübergießen, alles mit Käse bestreuen und im Ofen auf der mittleren Schiene etwa 30 Minuten goldbraun backen.

Den Kartoffel-Hack-Auflauf herausnehmen und heiß servieren.

Tipp:

Dazu passt ein grüner Beilagensalat.

Curry-Hähnchen

mit Honig-Möhren

1 PERSON ● 35 MINUTEN

ZUTATEN

125 g Hähnchenbrustfilet

2 EL Olivenöl

1 TL Currypulver

Pfeffer aus der Mühle

200 g Möhren

1 EL frisch gepresster Zitronensaft

1 TL Honig

Salz

1 EL helle Sesamsamen

Chiliflocken (Pul Biber) zum Garnieren

ZUBEREITUNG

Das Hähnchenbrustfilet waschen und trocken tupfen. Dann zwischen zwei Lagen Frischhaltefolie legen und mithilfe eines schweren Topfes flach klopfen. 1 EL Olivenöl mit Currypulver und Pfeffer verrühren und das Hähnchen damit rundherum einreiben. Dann zugedeckt im Kühlschrank am besten über Nacht oder zumindest während die Möhren vorbereitet werden marinieren lassen.

Den Backofen auf 180 °C Ober-/Unterhitze (160 °Umluft) vorheizen. Die Möhren putzen, schälen und in dicke Stifte schneiden. Zitronensaft, Honig, Salz, Pfeffer und 1 EL Olivenöl verrühren. Die Möhrenstifte damit gut mischen.

Das marinierte Hähnchen auf eine Seite eines mit Backpapier belegten Backblechs legen, die Möhrenstifte auf die andere. Alles im Ofen auf der mittleren Schiene etwa 25 Minuten backen. Nach der Hälfte der Garzeit das Blech aus dem Ofen nehmen, das Hähnchen wenden, die Möhren mit den Sesamsamen bestreuen und alles weiterbacken.

Hähnchen und Möhren auf einem Teller anrichten. Die Möhren mit einigen Chiliflocken bestreuen und alles servieren.

Fresh Sushi Stack

mit Avocado und Gurke

1 PERSON ● **25 MINUTEN**

ZUTATEN

50 g Sushi-Reis

½ EL milder Essig (z. B. Reis- oder Apfelessig)

¼ Avocado

50 g Salatgurke

125 g gegarte Garnelen oder gegarter/geräucherter Lachs

1 TL (vegane) Mayonnaise oder Sojajoghurt, gemischt mit etwas Chili-pulver

Salz, Pfeffer aus der Mühle

1 TL helle Sesamsamen zum Garnieren

2 EL Kokos Aminos (asiatische Würzsauce) oder Tamari-/Sojasauce zum Servieren

ZUBEREITUNG

Den Sushi-Reis nach Packungsanweisung garen. Den Essig unter den gegarten Reis mischen und diesen abkühlen lassen.

Inzwischen das Avocadoviertel schälen und das Fruchtfleisch klein schneiden. Die Gurke waschen, nach Belieben schälen, längs halbieren und die Kerne mit einem Teelöffel entfernen. Das Fruchtfleisch in schmale Scheiben schneiden oder hobeln.

Die Garnelen oder den Lachs klein würfeln und in einer Schale mit der Mayonnai-se bzw. dem Chili-Sojajoghurt und etwas Salz und Pfeffer mischen. Erst die Gurke, dann die Avocado daraufgeben. Den abgekühlten Reis auf der Avocado verteilen und mit angefeuchteten Händen etwas andrücken und glatt streichen.

Einen Teller auf die Schale setzen und alles schwungvoll wenden, sodass der Sushi Stack gestürzt wird. Diesen mit Sesamsamen bestreuen und mit Kokos Aminos, Tamari- oder Sojasauce servieren.

Tipp:

Es lohnt sich, gleich eine größere Menge Reis zu kochen. Zugedeckt bleibt er im Kühlschrank bis zu 3 Tage frisch. Der Sushi Stack selbst lässt sich ebenfalls gut vorbereiten und gekühlt etwa 1 Tag aufbewahren.

One-Pot-Pasta Arrabiata

mit Pilzen und Spinat

1 PERSON ● **25 MINUTEN**

ZUTATEN

100 g Pilze nach Wahl (z. B. Kräuter-
seitlinge oder Champignons)

1 kleine Knoblauchzehe

½ TL Olivenöl

100 g stückige Tomaten (Dose)

70 g glutenfreie Nudeln (z. B. Fusilli)

50 g Babyspinat

1 EL Tomatenmark

Saft von ½ Zitrone

Salz, Pfeffer aus der Mühle

frisch geriebene Muskatnuss

etwas Chilipulver (nach Belieben)

ZUBEREITUNG

Die Pilze putzen und, falls nötig, trocken abreiben. Dann in dünne Scheiben
schneiden. Den Knoblauch schälen und fein würfeln.

Das Olivenöl in einem weiten Topf erhitzen und die Pilze darin rundum bei mittlerer
Hitze etwa 5 Minuten kräftig anbraten. Am Ende den Knoblauch dazugeben und
mitbraten. Die Tomaten und etwa 150 ml Wasser unterrühren und alles aufkochen.
Die Nudeln gut unterrühren und alles unter häufigem Rühren bei mittlerer Hitze
8 bis 10 Minuten köcheln lassen, bis die Nudeln gar sind. Inzwischen den Spinat verlesen, waschen und trocken schleudern.

Das Tomatenmark und den Zitronensaft unter die Nudeln rühren, alles mit Salz,
Pfeffer, Muskatnuss und nach Belieben Chilipulver abschmecken. Den Spinat unterrühren und kurz ziehen lassen, bis er leicht zusammengefallen ist.

Die One-Pot-Pasta auf einen Teller geben und sofort servieren.

Tipp:

Das ist eines meiner absoluten Lieblingsrezepte. Lass dich nicht abschrecken — es geht wirklich superfix und schmeckt hervorragend.

Loaded crunchy Sweet Potato Chips

1 PERSON ● **20 MINUTEN**

ZUTATEN

1 Süßkartoffel, ½ Zwiebel

4 EL Kidneybohnen (Dose)

1 TL Olivenöl

100 g Rindertatar oder
vegane Hackalternative

Salz

Pfeffer aus der Mühle

½ TL Paprikapulver edelsüß

½ Avocado

1 EL Kokos-Joghurtalternative

1 EL Tomatensalsa oder 1 Tomate,
klein gewürfelt

ZUBEREITUNG

Die Süßkartoffel gründlich waschen und mit der Schale in sehr dünne Scheiben schneiden oder hobeln. Einen Teller mit Backpapier belegen und die Süßkartoffelscheiben darauf verteilen. Diese in der Mikrowelle bei 800 Watt 4 bis 8 Minuten garen. Dabei nach 4 Minuten einmal testen. Die Süßkartoffel sollte sehr crunchy werden.

Inzwischen die Zwiebel schälen und fein würfeln. Die Bohnen in einem Sieb abbrausen und abtropfen lassen.

Das Olivenöl in einer beschichteten Pfanne erhitzen und das Tatar oder die vegane Alternative darin rundum bei mittlerer Hitze in 4 bis 5 Minuten krümelig anbraten. Am Ende die Zwiebel und die Bohnen dazugeben und kurz mitbraten. Alles mit Salz, Pfeffer und Paprikapulver würzen.

Die Avocadohälfte schälen und das Fruchtfleisch in schmale Spalten oder kleine Würfel schneiden.

Die crunchy Süßkartoffelscheiben auf einem Teller anrichten, das Fleisch bzw. die vegane Alternative dekorativ darauf verteilen und alles mit Joghurt, Avocado und Salsa oder gewürfelter Tomate servieren.

Vietnamesische Nudelbowl
mit Hähnchenbrustfilet

1 PERSON ● **25 MINUTEN**

ZUTATEN

Für die Bowl:

50 g Glasnudeln

1 Möhre (ca. 100 g)

50 g Rotkohl oder Blattsalat

je 4 Stiele Koriander und Minze

1 rote Chilischote (nach Belieben)

70 g Brokkoliröschen (frisch oder TK)

125 g Hähnchenbrustfilet oder Tofu

Salz

1 TL Öl

Für die Sauce:

1 EL Tahin (Sesampaste) oder Erdnussmus

1 EL Kokos Aminos (asiatische Würzsauce) oder Tamari-/Sojasauce

½ EL Honig

Saft von ½ Limette

Zum Servieren:

Limettenspalten

ZUBEREITUNG

Für die Bowl die Glasnudeln nach Packungsanweisung garen, abgießen und kalt abschrecken.

Inzwischen die Möhre putzen, schälen und schräg in dünne Scheiben schneiden. Den Rotkohl putzen, waschen und in dünne Streifen schneiden bzw. den Salat waschen, trocken schleudern und in Streifen schneiden. Die Kräuter waschen, trocken schütteln, die Blätter abzupfen und fein hacken. Die Chilischote längs halbieren, entkernen, waschen und in schmale Streifen schneiden. Frischen Brokkoli waschen. Das Hähnchenfilet waschen, trocken tupfen und etwa 2 cm groß würfeln bzw. den Tofu würfeln.

Den Brokkoli in einem kleinen Topf mit wenig Salzwasser in 3 bis 4 Minuten bissfest dünsten. Das Öl in einer beschichteten Pfanne erhitzen und das Hähnchenfilet oder den Tofu darin rundum bei mittlerer Hitze etwa 4 Minuten braten.

Alle Zutaten für die Sauce verrühren. Glasnudeln, Gemüse, Kräuter und nach Belieben Chili in einer Schale verteilen. Das Hähnchen oder den Tofu darauf anrichten, die Sauce darübergeben und die Bowl mit Limettenspalten servieren.

Lachs-Päckchen

mit buntem Gemüse

2 PERSONEN ● **40 MINUTEN**

ZUTATEN

400 g Wurzelgemüse (z. B. Rote Beten, Möhren, Pastinaken)

100 g Cocktailtomaten

1 EL Olivenöl, plus mehr zum Bestreichen

Salz, Pfeffer aus der Mühle

10 grüne oder schwarze Oliven

1 EL Basilikumpesto

2 Lachsfilets (à 125 g)

ZUBEREITUNG

Den Backofen auf 160 °C Ober-/Unterhitze (140 °C Umluft) vorheizen. Das Wurzelgemüse putzen, schälen und längs in Streifen schneiden. Die Tomaten waschen und halbieren.

In einer Pfanne das Olivenöl erhitzen und das Gemüse darin rundum bei mittlerer Hitze etwa 5 Minuten kurz andämpfen, mit Salz und Pfeffer würzen. Tomaten und Oliven hinzufügen, das Pesto untermischen.

Das Gemüse auf zwei Bögen Backpapier verteilen. Den Lachs waschen, trocken tupfen und je ein Fischfilet auf das Gemüse setzen. Den Lachs mit etwas Olivenöl bestreichen, mit Salz würzen. Das Papier darüber zusammenfalten und an den offenen Seiten wie ein Bonbon zudrehen. Den Lachs im Ofen auf der mittleren Schiene etwa 15 Minuten garen.

Die Päckchen öffnen (Vorsicht, heißer Dampf!) und den Lachs sowie das Gemüse auf Tellern anrichten.

VARIANTE

Es schmeckt auch hervorragend mit weißem Fisch oder Tempeh, der kurz in der Pfanne angebraten wurde.

Cremiges Pesto-Chicken
mit Salat

ZUTATEN

200 g Hähnchenbrustfilet

je 1 TL Paprikapulver edelsüß &
getrockneter Oregano

Salz, Pfeffer aus der Mühle

1 TL Olivenöl

100 g Cocktailtomaten

1 Frühlingszwiebel

100 g Babyspinat

3½ EL Basilikumpesto

200 ml Mandel- oder Hafercuisine

Basilikum zum Garnieren

gegarte/r Reis, Kartoffeln oder
grüner Salat zum Servieren

ZUBEREITUNG

Das Hähnchenfilet waschen und trocken tupfen. Paprikapulver, Oregano, Salz
und Pfeffer mischen und das Hähnchenfilet damit rundherum einreiben.

Das Olivenöl in einer beschichteten Pfanne erhitzen und das Hähnchen darin
auf jeder Seite bei mittlerer Hitze 4 bis 5 Minuten gut anbraten. Dann herausnehmen und beiseitestellen.

Die Tomaten waschen und halbieren. Die Frühlingszwiebel putzen, waschen und in
schmale Ringe schneiden. Den Spinat verlesen, waschen und trocken schleudern.

Das Gemüse in der Pfanne rundum bei mittlerer Hitze 1 bis 2 Minuten anbraten.
Pesto und Pflanzencuisine hinzugeben und gut verrühren. Alles etwa 5 Minuten
köcheln lassen und mit Salz und Pfeffer abschmecken. Das Hähnchen dazugeben
und kurz erhitzen.

Das Pesto-Chicken auf einem Teller anrichten, mit Basilikum garnieren und mit
Reis, Kartoffeln oder Salat servieren.

Low Carb Taco Bowl

mit Mais-Avacado-Salsa und Garnelen

1 PERSON ● **20 MINUTEN**

ZUTATEN

Für die Salsa:

½ Avocado

½ kleine rote Zwiebel

1 Stiel Koriander

5 EL Mais (Dose)

Saft von ½ Limette

Salz, Pfeffer aus der Mühle

Für die Bowl:

½ kleine rote Paprikaschote

2 Handvoll Blattsalat nach Wahl

2 EL griechischer Joghurt oder
pflanzliche Joghurtalternative

Saft von ½ Limette

Salz, Pfeffer aus der Mühle

125 g Lachsfilet oder küchenfertige
Garnelen

1 TL Olivenöl

Zum Garnieren:

1 TL geröstete helle Sesamsamen oder
2 zerbröselte Maiswaffeln (nach Belieben)

ZUBEREITUNG

Für die Salsa die Avocadohälfte schälen und das Fruchtfleisch klein würfeln. Die
Zwiebel schälen und fein würfeln. Den Koriander waschen, trocken schütteln,
die Blätter abzupfen und fein hacken. Alles in einer Schale mit dem Mais und der
Hälfte des Limettensafts vermengen, mit Salz und Pfeffer abschmecken.

Für die Bowl die Paprikaschote entkernen, waschen und in schmale Streifen schneiden. Den Salat waschen, trocken schleudern und in mundgerechte Stücke zupfen.
Den (veganen) Joghurt mit etwas Limettensaft, Salz und Pfeffer abschmecken.

Das Lachsfilet oder die Garnelen waschen, trocken tupfen (den Lachs in Stücke
schneiden) und mit etwas Limettensaft beträufeln. Das Olivenöl in einer beschichteten Pfanne erhitzen und den Lachs bzw. die Garnelen darin rundum bei mittlerer
Hitze 4 bis 5 Minuten braten.

Den Salat in eine Schüssel geben, Paprikaschote und Maissalsa daraufgeben. Den
gebratenen Lachs bzw. die Garnelen darauf verteilen und den Joghurt in die Mitte
der Bowl geben. Die Bowl nach Belieben mit Sesamsamen oder zerbröselten Maiswaffeln garniert servieren.

Tipp:

Für eine vegane Variante den Crêpe-Teig ohne Eiweiß anrühren und statt für die Füllung Rührei zuzubereiten, Tofuscheiben anbraten.

Buchweizen-Crêpes
mit Ei und Spinat

1 PERSON ● **35 MINUTEN**

ZUTATEN

2 Eier (Größe M)

70 ml ungesüßter Pflanzendrink (z. B. auf Mandel- oder Sojabasis)

50 g Buchweizenmehl

½ TL Backpulver

etwas frisch gepresster Limettensaft

Salz

1 kleine Zwiebel

100 g Babyspinat

2 TL Öl

Pfeffer aus der Mühle & frisch geriebene Muskatnuss

ZUBEREITUNG

Ein Ei trennen, das Eigelb beiseitestellen. Eiweiß, Pflanzendrink, Mehl, Backpulver, 1 Spritzer Limettensaft und etwas Salz zu einem Teig verrühren. Diesen etwa 10 Minuten quellen lassen.

Inzwischen die Zwiebel schälen und fein würfeln. Den Spinat verlesen, waschen und trocken schleudern. In einer beschichteten Pfanne (etwa 26 cm Durchmesser) 1 TL Öl erhitzen und die Zwiebel darin bei mittlerer Hitze glasig dünsten. Den Spinat dazugeben und unter Wenden in 2 bis 3 Minuten zusammenfallen lassen.

Mit Salz, Pfeffer, etwas Muskat und 1 Spritzer Limettensaft abschmecken und den Spinat auf einen Teller geben. Die Pfanne säubern.

In der Pfanne 1 TL Öl erhitzen. Den Teig nochmals durchrühren, etwas davon gleichmäßig in der Pfanne verteilen und bei mittlerer Hitze 2 bis 3 Minuten backen, dann wenden und weitere 3 Minuten backen. Den Crêpe auf einen Teller geben. Aus dem restlichen Teig weitere Crêpes backen.

Das Übrige Ei und Eigelb verquirlen und in der Pfanne bei mittlerer Hitze etwa 2 Minuten garen. Dann mit einem Spatel rundherum vom Rand zur Mitte schieben, bis ein fluffiges Rührei entsteht.

Die Crêpes mit Spinat und Rührei belegen. Erst zur Hälfte zusammenklappen, dann erneut in der Mitte falten und servieren.

Mandellachs
mit Avocado-Salsa

1 PERSON ● 35 MINUTEN

ZUTATEN

Für den Mandellachs:

125 g Lachsfilet

1 TL Olivenöl

Salz, Pfeffer aus der Mühle

2 TL Mandelblättchen

½ TL Honig

Für die Salsa:

½ Avocado

1 Tomate

½ kleine rote Zwiebel

½ Bund Petersilie

1 TL Olivenöl

1 EL frisch gepresster Zitronensaft

1 Msp. Dijon-Senf

Salz, Pfeffer aus der Mühle

etwas Honig (nach Belieben)

ZUBEREITUNG

Den Backofen auf 200 °C Ober-/Unterhitze (180 °C Umluft) vorheizen.
Den Lachs waschen, trocken tupfen, auf ein mit Backpapier belegtes Backblech
legen, mit dem Olivenöl einpinseln, mit Salz und Pfeffer würzen und mit den Mandelblättchen bestreuen.

Den Lachs im Ofen auf der mittleren Schiene etwa 12 Minuten backen. Dann mit dem
Honig beträufeln und etwa 4 Minuten weitergaren, bis er sich leicht zerteilen lässt.

Inzwischen für die Salsa die Avocadohälfte schälen und das Fruchtfleisch klein würfeln. Die Tomate waschen, vierteln, entkernen und ebenfalls würfeln. Die Zwiebel
schälen und fein würfeln. Die Petersilie waschen und trocken schütteln. Die Blätter
abzupfen und fein hacken.

Olivenöl, Zitronensaft, Senf, Salz, Pfeffer und nach Belieben etwas Honig in einer
Schüssel zu einem Dressing verrühren. Avocado, Tomate, Zwiebel und Petersilie
untermischen und die Salsa kurz ziehen lassen.

Den Lachs mit der Avocado-Salsa auf einem Teller anrichten. Nach Belieben eine
Scheibe Saatenbrot (Seite 143) oder einen grünen Salat dazu servieren.

Schnelle Pfannenpizza

2 PERSONEN ● 25 MINUTEN

ZUTATEN

Für den Teig:

80 g Buchweizen- oder Hafermehl
(alternativ glutenfreie Backmischung),
plus mehr zum Arbeiten

100 g griechischer Joghurt oder
Soja-Quarkalternative

Salz

½ TL Backpulver

1 TL Olivenöl

Für den Belag:

3–4 EL stückige Tomaten (Dose)

Salz, Pfeffer aus der Mühle

1 TL getrockneter Oregano

Tempeh, Tofu oder Thunfisch (Dose)

Gemüse (z. B. Brokkoli, Zucchini und
Paprikaschote)

grüne oder schwarze Oliven und/oder
eingelegte Kapern (nach Belieben)

ZUBEREITUNG

Für den Teig Mehl, Joghurt bzw. Quarkalternative, 1 gute Prise Salz, Backpulver und Olivenöl verkneten.

Für den Belag Tomaten mit Salz, Pfeffer und Oregano würzen. Tempeh, Tofu oder Thunfisch in Stücke schneiden bzw. zerpflücken. Das Gemüse putzen, waschen und klein schneiden.

Eine beschichtete Pfanne (etwa 26 cm Durchmesser) stark erhitzen. Den Teig mit gut bemehlten Händen zu einem flachen Fladen drücken, in die heiße Pfanne legen und bei mittlerer Hitze etwa 2 Minuten backen.

Den Fladen wenden mit Gemüse und nach Belieben Oliven belegen und abgedeckt etwa 10 Minuten backen, bis der Boden schön kross ist. Direkt genießen.

VARIANTE

Ohne Belag gebacken schmeckt der Teig super als Pfannenbrot und ist eine tolle Beilage z. B. zu Currys.

Gnocchi

mit gesunder Sahnesauce

1 PERSON ● 20 MINUTEN

ZUTATEN

1 Frühlingszwiebel

1 kleine Knoblauchzehe

70 g braune Champignons

60 g Puten- oder Hähnchenschinken

1 EL Olivenöl

Salz, Pfeffer aus der Mühle

70 g TK-Erbsen

4 EL ungesüßter Mandeldrink

4 EL Pflanzencuisine (pflanzlicher Sahneersatz; z. B. auf Soja- oder Haferbasis) oder Sahne

150 g glutenfreie Gnocchi (Kühlregal) oder getrocknete glutenfreie Gnocchi, nach Packungsanweisung vorgegart

frisch geriebene Muskatnuss

ZUBEREITUNG

Die Frühlingszwiebel putzen und waschen. Den weißen Teil fein würfeln, den grünen in schmale Ringe schneiden. Den Knoblauch schälen und fein würfeln. Die Pilze putzen und, falls nötig, trocken abreiben. Dann in schmale Scheiben schneiden. Den Schinken würfeln.

Das Olivenöl in einer beschichteten Pfanne erhitzen und die Pilze darin rundum bei mittlerer Hitze etwa 5 Minuten anbraten. Am Ende die Frühlingszwiebelwürfel und den Knoblauch dazugeben und kurz mitbraten. Alles mit Salz und Pfeffer würzen.

Dann den Schinken und die gefrorenen Erbsen dazugeben. Mandeldrink und Pflanzencuisine bzw. Sahne dazugießen, alles kurz aufkochen. Dann die Gnocchi dazugeben und bei mittlerer Hitze unter Wenden in der Sauce garen.

Die Gnocchi nochmals mit Salz, Pfeffer und etwas Muskatnuss abschmecken. Auf einen Teller geben und mit Frühlingszwiebelgrün bestreut servieren.

Meal Prep

Ich habe gerne ein paar Dinge
auf Vorrat daheim, denn das
erleichtert den Alltag. Viel Spaß
beim Vorbereiten!

Knäckebrot

12 STÜCK ● **55 MINUTEN**

ZUTATEN

75 g grobe Haferflocken

2 TL Flohsamen

4 EL Leinsamen

60 g Sonnenblumenkerne

4 EL Kürbiskerne

1 TL Salz

1½ EL Chiasamen

2 TL gehackter Rosmarin

2 EL Öl

3–4 EL gemischte Kerne und Saaten (z. B. Kürbiskerne, Leinsamen, Sonnenblumenkerne), zerstoßener Pfeffer oder geriebener Parmesan (nach Belieben)

ZUBEREITUNG

Den Backofen auf 170 °C Ober-/Unterhitze (150 °C Umluft) vorheizen.

Alle trockenen Zutaten mit dem Rosmarin in einer Schüssel vermengen. Das Öl mit 160 ml Wasser dazugeben und alles zu einem relativ festen Teig verrühren.

Den Teig auf ein mit Backpapier belegtes Backblech geben. Einen zweiten Bogen Backpapier daraufgeben und den Teig mithilfe einer Teigrolle gleichmäßig ausrollen. Das obere Backpapier abziehen und die Teigplatte quer in drei je etwa 12 cm breite Streifen schneiden. Dann längs in etwa 6 cm breite Streifen schneiden, sodass insgesamt 18 Rechtecke entstehen. Diese nach Belieben mit Zutaten nach Wunsch bestreuen und im Ofen auf der mittleren Schiene etwa 45 Minuten backen.

Das Knäckebrot auf dem Blech auskühlen lassen, dann vorsichtig in die markierten Stücke teilen und in einer Blechdose aufbewahren.

HALTBARKEIT: etwa 2 Wochen!

Granola Trio

 **FÜR VARIANTE 1 –
APFEL-NUSS-GRANOLA OHNE ÖL**

10–15 Medjoul-Datteln

130 g Mandeln

200 g Sonnenblumenkerne

140 g Kürbiskerne

5 EL Leinsamen

130 g grobe Haferflocken

1 TL Zimtpulver

½ TL Vanilleessenz

1 Prise Salz

1 Apfel

ZUBEREITUNG

Den Backofen auf 160 °C Ober-/Unterhitze (140 °C Umluft) vorheizen.

Die Datteln entsteinen, grob würfeln und mit 125 ml Wasser in einem Mixer zu einer zähnen Masse pürieren. Die Mandeln grob hacken. Alle Zutaten, bis auf den Apfel, mit der Dattelmasse gründlich vermischen.

Den Apfel vierteln, schälen, entkernen und quer in sehr feine Scheiben schneiden oder hobeln. Die Granolamasse auf einem mit Backpapier belegten Backblech krümelig verteilen, die Apfelscheiben dazwischenlegen und alles im Ofen auf der mittleren Schiene in etwa 20 Minuten goldbraun und knusprig backen. Nach der Hälfte der Zeit einmal gut durchmischen und wenden.

Die Granola auskühlen lassen, nach Belieben zerkleinern und in einem gut schließenden Behälter aufbewahren.

 **FÜR VARIANTE 2 –
ZUCKERFREIE BASISGRANOLA**

100 g grobe Haferflocken

100 g zarte Haferflocken

80 g Mandeln

5 EL Nusskerne oder Kerne nach Wahl
(z. B. Cashew- oder Walnusskerne)

1 TL Zimtpulver

½ TL Vanilleextrakt

1 Prise Salz

200 g Apfelmark

2 EL Kokosöl

ZUBEREITUNG

Den Backofen auf 200 °C Ober-/Unterhitze (180 °C Umluft) vorheizen.

Alle Zutaten gründlich mischen und auf einem mit Backpapier belegten Backblech verteilen.

Dann im Ofen auf der mittleren Schiene in etwa 20 Minuten goldbraun und knusprig backen. Nach der Hälfte der Zeit einmal gut durchmischen und wenden.

Die Granola auskühlen lassen, nach Belieben zerkleinern und in einem gut schließenden Behälter aufbewahren.

VARIANTE

Für eine Weihnachtsversion 1 TL Ingwerpulver, 2–3 TL Zimtpulver, 2–3 TL Lebkuchengewürz und ½ TL geriebene Muskatnuss zur Mischung geben.

3 **FÜR VARIANTE 3 –
KOKOSGRANOLA MIT TAHIN**

200 g zarte Haferflocken

1 Prise Salz

5 EL Kokoschips

60 g Ahornsirup oder Honig

5 EL Kokosöl

5 EL Tahin (Sesampaste)

60 g Nüsse, Kerne oder Saaten nach Wahl
(z. B. Macadamianusskerne oder Mandelblättchen)

4 EL Trockenfrüchte (z. B. Maulbeeren)

ZUBEREITUNG

Den Backofen auf 180 °C Ober-/Unterhitze
(160 °C Umluft) vorheizen.

Alle Zutaten gründlich mischen und auf einem
mit Backpapier belegten Backblech verteilen.

Dann im Ofen auf der mittleren Schiene in
etwa 20 Minuten goldbraun und knusprig
backen. Nach der Hälfte der Zeit einmal gut
durchmischen und wenden.

Die Granola auskühlen lassen, nach Belieben
zerkleinern und in einem gut schließenden
Behälter aufbewahren.

Tipp:

SUPER! Jede Granola hält
sich bis zu 4 Wochen!

Tipp:

Das Brot lässt sich super in Scheiben geschnitten einfrieren und bleibt so etwa 3 Monate frisch. Zum Servieren einfach im Toaster auftauen.

Low-Carb-Saatenbrot

2 PERSONEN ● **120 MINUTEN**

ZUTATEN

150 g Sonnenblumenkerne

120 g geschroteter Leinsamen

60 g Kürbiskerne

3½ EL gehackte Mandeln

30 g Flohsamenschalen

1 TL Salz

2 EL Tahin (Sesampaste)

1 TL Ahornsirup

1 TL frisch gepresster Zitronensaft

ZUBEREITUNG

Die trockenen Zutaten in einer Schüssel mischen. 300 ml lauwarmes Wasser, Tahin, Ahornsirup und Zitronensaft dazugeben und alles gut verkneten.

Den Teig in eine Kastenform (25 cm Länge) geben und zugedeckt mindestens 1 bis 2 Stunden quellen lassen.

Den Backofen auf 180 °C Ober-/Unterhitze (160 °C Umluft) vorheizen und das Brot darin auf der mittleren Schiene 30 bis 35 Minuten backen.

Das Brot herausnehmen, aus der Form auf ein mit Backpapier belegtes Backblech stürzen und weitere 30 bis 35 Minuten backen. Vor dem Anschneiden auskühlen lassen.

Desserts

Ich bin ein Fan davon, sich bei den
Hauptmahlzeiten satt zu essen
und den Konsum der Geschmacks-
richtung „süß" im Rahmen
zu halten. Bei den folgenden
Rezepten kann auch ich allerdings
nur selten Nein sagen.
Viel Spaß beim Nachmachen!

Beerencrumble

2 PERSONEN ● 20 MINUTEN

ZUTATEN

Fett für die Form

150 g Beeren (z. B. Himbeeren, Blaubeeren, Erdbeeren; frisch oder TK)

1 EL Kokosöl

½–1 TL Dattelsirup oder Honig

3 EL Haferflocken

2½ EL Mandelmehl

½ EL gehackte Mandeln

1 Msp. Zimtpulver

frische Beeren, Kokos-Joghurtalternative und Minze zum Garnieren (nach Belieben)

ZUBEREITUNG

Den Backofen auf 200 °C Ober-/Unterhitze (180 °Umluft) vorheizen und eine kleine ofenfeste Form ausfetten. Frische Beeren verlesen, waschen und trocken tupfen.

Das Öl in einem kleinen Topf bei mittlerer Hitze schmelzen, vom Herd nehmen und mit Dattelsirup oder Honig mischen. Haferflocken, Mandelmehl, Mandeln und Zimtpulver dazugeben und alles zu Streuseln verkneten.

Die Beeren in der Form verteilen und die Crumblemasse darüberbröseln. Den Crumble im Ofen auf der mittleren Schiene in 10 bis 12 Minuten goldbraun backen.

Nach Belieben mit frischen Beeren, einem Klecks Kokos-Joghurtalternative und Minze garnieren und servieren.

VARIANTE

Für eine Blitzvariante die Form in die Mikrowelle stellen und den Crumble bei etwa 800 Watt 2 bis 3 Minuten garen. Dabei entsteht allerdings eine softere, weniger knusprige Version.
Der Crumble klappt auch mit anderem Obst, z. B. mit klein geschnittenem Apfel, Pflaumen, Aprikosen oder Nektarinen.

Zweierlei Dattelpralinen

Schokodatteln

Raffaelo-Datteln

JE 10 STÜCK ● 10 MINUTEN

ZUTATEN

5 große Medjoul-Datteln

20 g Zartbitterschokolade (mind. 70 % Kakaoanteil)

Salz

ZUBEREITUNG

Die Datteln so in der Mitte aufschneiden und aufklappen, dass eine Herzform entsteht, entsteinen. Die Schokolade grob hacken, in eine hitzefeste Schüssel geben und in der Mikrowelle bei 600 Watt in 1 Minute schmelzen. Alternativ in einer Metallschüssel über dem heißen Wasserbad unter Rühren schmelzen.

Die Datteln in der Schokolade wenden, auf einen Bogen Backpapier legen und mit je 1 Prise Salz bestreuen. Die Schokolade fest werden lassen und die Datteln im Kühlschrank aufbewahren. Zum Servieren nach Belieben in Pralinenförmchen anrichten.

ZUTATEN

5 große Medjoul-Datteln

1 EL Nussmus

1 EL Kokosraspel, plus mehr zum Garnieren

20 g Zartbitterschokolade (mind. 70 % Kakaoanteil)

ZUBEREITUNG

Die Datteln längs einschneiden und entsteinen. Das Nussmus mit den Kokosraspeln mischen und die Masse in die Datteln füllen.

Die Schokolade grob hacken, in eine hitzefeste Schüssel geben und in der Mikrowelle bei 600 Watt in 1 Minute schmelzen. Alternativ in einer Metallschüssel über dem heißen Wasserbad unter Rühren schmelzen.

Die gefüllten Datteln mit einer Seite in die Schokolade tauchen und mit Kokosraspeln bestreuen. Auf einen Bogen Backpapier legen.

Die Schokolade fest werden lassen und die Datteln im Kühlschrank aufbewahren. Zum Servieren nach Belieben in Pralinenförmchen anrichten.

Proteinwaffeln

mit Quark und Beeren

2 PERSONEN ● **20 MINUTEN**

ZUTATEN

75 g zarte Haferflocken

125 g pflanzliche Quarkalternative

1 Ei

½ TL Backpulver

½ TL Vanilleextrakt

5 EL Mineralwasser mit Kohlensäure

etwas Öl für das Waffeleisen

100 g Beeren (z. B. Blaubeeren, Brombeeren, Himbeeren)

10 g Zartbitterschokolade (mind. 70 % Kakaoanteil)

ZUBEREITUNG

Die Haferflocken im Mixer fein zerkleinern. Quarkalternative, Ei, Backpulver, Vanilleextrakt und Mineralwasser kurz untermixen.

Ein Waffeleisen vorheizen und die Backflächen dünn mit Öl bestreichen. Ein Drittel des Teigs darin goldbraun ausbacken. Aus dem übrigen Teig zwei weitere Waffeln backen.

Die Waffeln auf einem Teller anrichten. Die Beeren verlesen, waschen, trocken tupfen und daraufgeben. Die Schokolade mit dem Sparschäler darüberhobeln.

VARIANTE

Für eine vegane Variante 1 EL geschroteten Leinsamen mit 3 EL Wasser mischen, etwa 10 Minuten aufquellen lassen und diese Mischung statt dem Ei unter den Teig mixen.

Gesunde Bounty-Riegel

12 STÜCK ● 40 MINUTEN

ZUTATEN

100 g Kokosraspel, plus mehr zum Garnieren

1 Prise Salz

100 g Kokos- oder Soja-Joghurtalternative

4 EL Ahornsirup oder Honig

2½ EL Proteinpulver mit Vanillegeschmack

100 g Zartbitterschokolade (mind. 70 % Kakaoanteil)

ZUBEREITUNG

Alle Zutaten, bis auf die Schokolade, gut vermischen. Die Masse portionsweise zu etwa 5 cm langen Riegeln formen und auf ein Tablett legen. Die Riegel für 15 bis 30 Minuten ins Gefrierfach stellen.

Die Schokolade grob hacken, in eine hitzefeste Schüssel geben und in der Mikrowelle bei 600 Watt in 1 Minute schmelzen. Alternativ in einer Metallschüssel über dem heißen Wasserbad unter Rühren schmelzen.

Die Riegel mithilfe einer Gabel in die Schokolade tauchen und darin wenden. Auf einen mit Backpapier belegten Teller setzen, mit Kokosraspeln bestreuen und im Kühlschrank fest werden lassen.

Tipp:

Die Cups lassen sich gut vorbereiten: Dafür nach dem Auskühlen ungefüllt in einer Blechdose aufbewahren, so bleiben sie etwa 5 Tage frisch. Erst kurz vor dem Servieren füllen.

Kokos-Cups

mit Beeren-Mix und Schokolade

6 STÜCK ● 45 MINUTEN

ZUTATEN

Für die Cups:

Fett für die Form oder Papierförmchen

1 reife Banane

130 g zarte Haferflocken

je 3 EL Kokosraspel & Honig

Salz

Für die Füllung:

100 g TK-Beerenmischung

1 EL Chiasamen

½ TL Vanilleextrakt

1 EL Honig (nach Belieben)

Zum Garnieren:

1 EL Kokoschips

30 g Zartbitterschokolade (mind. 70 % Kakaoanteil)

ZUBEREITUNG

Den Backofen auf 180 °C Ober-/Unterhitze (160 °C Umluft) vorheizen. Sechs Mulden einer Muffinform ausfetten oder Papierförmchen verwenden. Für die Cups die Banane schälen, mit einer Gabel zerdrücken und in eine Schüssel geben. Haferflocken, Kokosraspel, Honig und 1 Prise Salz untermischen.

Die Masse auf die ausgefetteten Mulden der Backform verteilen, andrücken und dabei einen etwa 2 cm hohen Rand formen. Die Cups im Ofen auf der mittleren Schiene etwa 15 Minuten backen.

Inzwischen für die Füllung die Beeren mit Chiasamen, Vanilleextrakt und nach Belieben Honig in einem Topf aufkochen und bei mittlerer Hitze 4 bis 5 Minuten köcheln lassen, bis sich die Beeren zerdrücken lassen. Die Masse sollte eine konfitüreähnliche Konsistenz annehmen. Vom Herd nehmen.

Die Cups aus dem Ofen nehmen und auskühlen lassen. Inzwischen die Kokoschips in einer Pfanne ohne Fett goldgelb anrösten und herausnehmen. Die Schokolade grob hacken, in ein Schälchen geben und in der Mikrowelle bei 600 Watt in etwa 1 Minute schmelzen. Alternativ in einer Metallschüssel über dem heißen Wasserbad unter Rühren schmelzen. Die Cups vorsichtig aus den Muffinmulden lösen, die Beerenfüllung nochmals durchrühren und in die Cups füllen. Die Schokolade mithilfe eines Teelöffels in dünnen Linien darüber verteilen und alles mit Kokoschips bestreuen. Trocknen lassen und servieren.

Ratzfatz-Schokocookies

12 STÜCK ● 20 MINUTEN

ZUTATEN

30 g Zartbitterschokolade (mind. 70 % Kakaoanteil), plus mehr zum Garnieren (nach Belieben)

100 g zarte Haferflocken

5 EL entöltes Mandelmehl

80 g Mandelmus

5 EL Honig

1 Schuss ungesüßter Pflanzendrink

ZUBEREITUNG

Den Backofen auf 180 °C Ober-/Unterhitze (160 °C Umluft) vorheizen.

Die Schokolade fein hacken. Haferflocken, Mandelmehl, Mandelmus, Honig und Pflanzendrink in einer Schüssel vermischen. Die Schokolade unterheben.

Portionen von je 1 gehäuften EL Teig auf einem mit Backpapier belegten Back-blech verteilen und etwas flach drücken. Die Cookies im Ofen auf der mittleren Schiene etwa 8 Minuten backen. Herausnehmen und auskühlen lassen.

Nach Belieben etwas Schokolade hacken, in einer Metallschüssel über dem heißen Wasserbad unter Rühren schmelzen und die Cookies damit garnieren.

VARIANTE

Anstatt des Mandelmehls kannst du auch normales Mehl verwenden. Ich nutze gerne Mandelmehl, um den Proteinanteil zu erhöhen.

Tipp:

Sollten die Datteln sehr hart sein, kurz in heißes Wasser legen und weich werden lassen.

Gesunde Quinoa-Pralinen

8 STÜCK ● 20 MINUTEN

ZUTATEN

150 g saftige Datteln (z. B. Medjoul oder Mazafati)

70 g blanchierte Haselnusskerne

1 EL Kakaopulver

½ TL Vanilleextrakt

1 TL Zimtpulver

Salz

20 g gepuffte/r Quinoa oder Amarant

Zartbitterschokolade (mind. 80 % Kakaoanteil) und Meersalz zum Garnieren (nach Belieben)

ZUBEREITUNG

Die Datteln entsteinen und mit Haselnusskernen, Kakaopulver, Vanilleextrakt, Zimtpulver und 1 Prise Salz im Mixer zu einer glatten Masse pürieren.

Die Quinoa oder den Amarant mit den Händen unter die Masse heben und diese zu etwa walnussgroßen Bällchen formen.

Nach Belieben etwas gehackte Zartbitterschokolade in einer Metallschüssel über dem heißen Wasserbad unter Rühren schmelzen und die Pralinen darin wenden. Auf einen Bogen Backpapier setzen, mit je 1 Prise Meersalz bestreuen und trocknen lassen.

Die Pralinen gut verpackt kühl stellen; so aufbewahrt sind sie 2 Wochen haltbar.

Zuckerfreie Apfel-Pancakes

2 PORTIONEN ● 20 MINUTEN

ZUTATEN

½ Banane

70 g Haferflocken

½ TL Backpulver

150 ml ungesüßter Haferdrink

½ TL Vanilleextrakt oder Zimtpulver

1 kleiner Apfel

1 TL Mandelstifte

½ EL Kokosöl

1 TL Mandelmus

ZUBEREITUNG

Die Banane schälen und in grobe Stücke schneiden. Dann zusammen mit Haferflocken, Backpulver, Haferdrink und Vanilleextrakt oder Zimtpulver im Mixer zu einem glatten Teig pürieren.

Den Apfel waschen und das Kerngehäuse ausstechen. Dann den Apfel in schmale Scheiben schneiden.

Die Mandelstifte in einer beschichteten Pfanne (etwa 26 cm Durchmesser) ohne Fett anrösten und herausnehmen.

Das Öl in der Pfanne erhitzen. Mehrere Portionen Teig (je 1 gehäufter EL) mit Abstand zueinander darin verteilen, jeweils einen Apfelring darauflegen und bei mittlerer Hitze 2 bis 3 Minuten braten, wenden und weitere 3 bis 4 Minuten braten. Die fertigen Pancakes auf einem Teller anrichten. Das Mandelmus darüberträufeln und alles mit Mandelstiften bestreut servieren.

REGISTER

ZU DER AUTORIN

Caro Mareike Günther ist mit über 106.000 Instagram-Followern eine erfolgreiche Ernährungs- Fitnessinfluencerin. Im Fokus ihres Accounts stehen Anleitungen zu Fitnessübungen sowie Rezepte für eine ausgewogene und gesunde Ernährung. „Quick & Healthy" ist das Credo der sympathischen Influencerin. Caro Mareike hat selbst erlebt, wie sehr ihr eine natürliche Ernährung auf ihrer persönlichen Fitnessreise geholfen hat, so dass sie sich besonders freut, diese mit ihren Fans und vielen neuen Leser*innen teilen zu können.

IMPRESSUM

Hinter jedem tollen Buch steckt ein starkes Team

Projektleitung: *Stephan Strauß*
Texte: *Caro Mareike Günther*
Rezepte: *Caro Mareike Günther + Inga Pfannebecker*
Lektorat: *Franziska Sorgenfrei*
Covergestaltung: *Katharina Fesl*
Grafische Gestaltung und Satz: *31Media GmbH, Stephanie Willing*
Fotografie: *31Media GmbH, Ben Fuchs*
Foodstyling: *31Media GmbH, Pedro Torres*
Herstellung: *Frank Jansen*
Producing: *Jan Russok*
Druck & Bindung: *optimal media GmbH, Röbel*

1. Auflage 2022
© 2022 Edel Verlagsgruppe GmbH
Kaiserstraße 14 b
D–80801 München
ISBN: 978-3-96584-288-5

FOOD FOTOS

Im Buch enthaltene Fotos können zur eigenen Nutzung erworben werden unter *www.stockfood.de*

LIEBE LESER, LIEBE LESERINNEN

wie schön, dass Sie ein Buch von ZS in den Händen halten. „jetzt leben!" ist das Motto unseres Verlages. Es steht für Genuss und Inspiration, Unterstützung und Motivation. Ob Kulinarik oder Fitness, Gesundheit oder Lebenshilfe — seit über 30 Jahren bieten wir kompetente Ratgeber für (fast) alle Lebenslagen. Wir lieben Tradition genauso wie Innovation — sie treiben uns an. Unsere Autorinnen und Autoren sind Menschen, die zu ihrem Thema wirklich etwas zu sagen und zu schreiben haben. Unsere Produkte sind erzählerisch, appetitmachend und als gedruckte Bücher haptisch echte Erlebnisse. Für Sie mit ganz viel Liebe gemacht! Entdecken Sie mehr aus unserer wunderbaren Welt!

UNSER VERLAGSHAUS

Mit Standorten in München, Hamburg und Berlin zählt die Edel Verlagsgruppe zu den größten unabhängigen Buchanbietern Deutschlands. Zur Edel Verlagsgruppe gehört unter anderem ZS mit seinen Lizenzmarken Dr. Oetker Verlag, Kochen & Genießen und Phaidon by ZS.

ZS – Ein Verlag der Edel Verlagsgruppe
www.zsverlag.de
www.facebook.com/zsverlag
www.instagram.com/zsverlag

FÜR DIE UMWELT

ZS unterstützt bei der Produktion dieses Buches das Projekt „Junge Riesen für die nächsten 100 Jahre" im Naturpark Nossentiner/Schwinzer Heide. Damit wird ein Anteil der unvermeidbaren CO_2-Emissionen im direkten Umfeld des Produktionsstandortes kompensiert.

PARTNER
Naturpark Nossentiner / Schwinzer Heide
www.optimal-media.com/naturschutzprojekt-001

NEWSLETTER

Was koche ich heute Feines? Und wie geht das — schmackhaft und gesund?

Melden Sie sich jetzt zum ZS-Genuss-Service an und verpassen Sie keine kulinarischen und gesundheitlichen Trends mehr.
Wir informieren Sie regelmäßig über unsere Neuerscheinungen, Aktionen oder Gewinnspiele und verraten Ihnen unsere Lieblingsrezepte!

GEWINNEN

Unter allen Neuabonnierenden verlosen wir jeden Monat eine *ZS-Genuss-Box* im Wert von 75,00 €.

Jetzt anmelden unter:
www.zsverlag.de/newsletter

oder den QR Code scannen:

ANMELDEN!

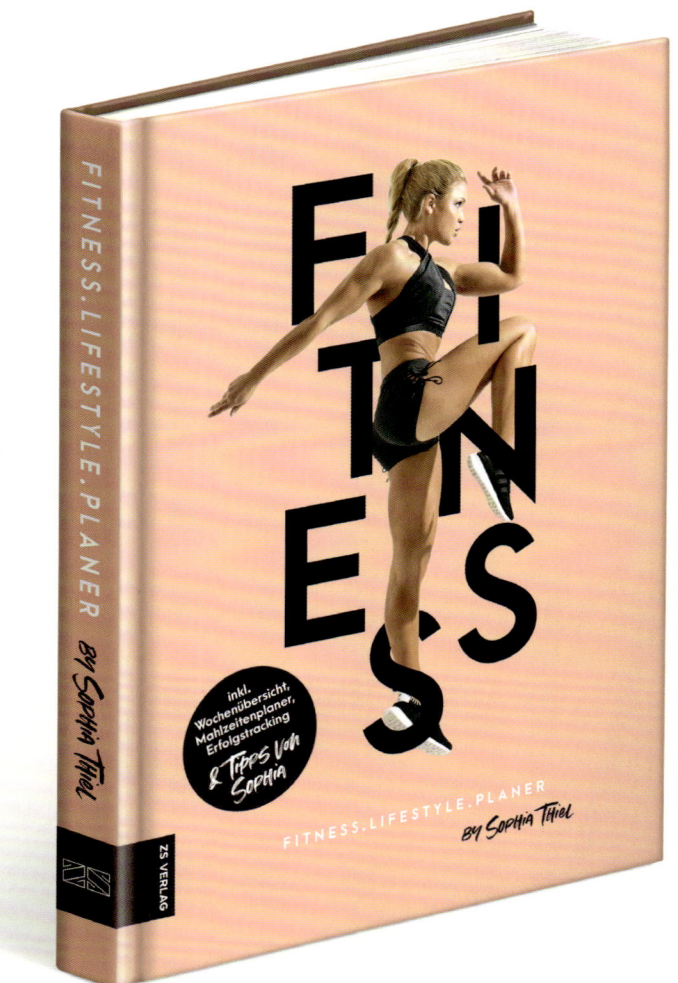

Schluss mit der langen Rezeptsuche!

Das lange Durchsuchen der eigenen Kochbücher hat endlich ein Ende —
die Rezept Scout-App verrät
ganz schnell und einfach, welches Rezept wo zu finden ist.

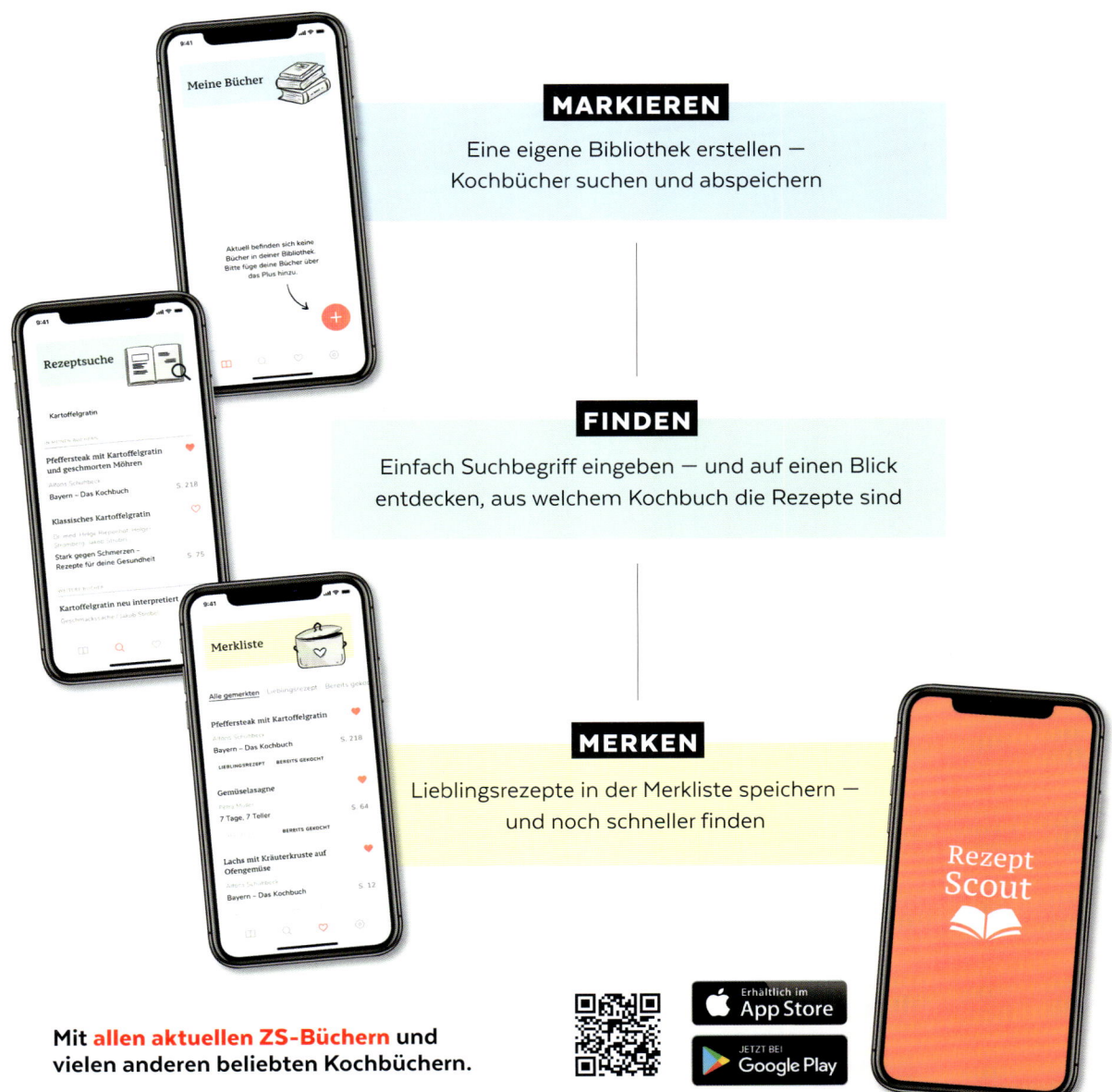

MARKIEREN

Eine eigene Bibliothek erstellen —
Kochbücher suchen und abspeichern

FINDEN

Einfach Suchbegriff eingeben — und auf einen Blick
entdecken, aus welchem Kochbuch die Rezepte sind

MERKEN

Lieblingsrezepte in der Merkliste speichern —
und noch schneller finden

Mit **allen aktuellen ZS-Büchern** und
vielen anderen beliebten Kochbüchern.

Erhältlich im App Store

JETZT BEI Google Play